Lumina

Lösungsheft

Lehrgang für Latein als 2. Fremdsprache

von Ursula Blank-Sangmeister, Hubert Müller,
Helmut Schlüter und Kurt Steinicke

Vandenhoeck & Ruprecht

ISBN 978-3-525-71023-4

Umschlagabbildung: © photo R. M. N., Chuzeville, Sarcophage MA 659,
Musée du Louvre (Ausschnitt).

 Printed in Germany. Satz: Schwarz auf Weiß GmbH, Hannover.
Druck und Bindung: ⊕ Hubert & Co, Göttingen

Gedruckt auf chlorfrei gebleichtem Papier.

Lektion 1

In der Schule

Quintus ist (ein) Schüler. Quintus ist Römer. Theophilus ist (ein) Lehrer. Theophilus ist Grieche. Quintus liest. Er liest gut; er liest gern. Der Lehrer lobt ihn.
Theophilus diktiert und diktiert und diktiert. Tullia schreibt und schreibt und schreibt. Sie schreibt nicht gern. Daher macht Tullia oft (einen) Fehler. Der Lehrer kritisiert sie. Er schreit sehr. Was macht Tullia? Das Mädchen lacht. Daher schreit Theophilus (noch) mehr. Tullia lacht nicht mehr, sondern schweigt und denkt: »(Das) Geschrei nützt nicht(s). Theophilus ist ein Dummkopf!«
Das Studium macht nicht immer Spaß.
(Die) Arbeit macht nicht immer Spaß.
Nichtstun macht Spaß.

1

1. Aussagen über Quintus: *discipulus est, Romanus est, legit, bene legit, legere amat;* über Theophilus: *magister est, est Graecus, laudat, dictat et dictat et dictat, vituperat, clamat, stultus est;* über Tullia: *scribit et scribit et scribit, non amat scribere, peccat, facit, ridet, non iam ridet, tacet, cogitat.*
2. *dictat* und *scribit* werden dreimal wiederholt. Die Wiederholung zeigt die Eintönigkeit des Unterrichts.
3. Der Unterricht verlief offenbar sehr eintönig: Der Lehrer diktierte, die Schüler schrieben.
4. Das im Moselgebiet gefundene Relief (Abbildung S. 12) zeigt eine Schulszene im Hause eines wohlhabenden römischen Provinzbewohners, der es sich erlauben konnte, seine Kinder durch einen Hauslehrer unterrichten zu lassen, vielleicht zusammen mit Söhnen seiner Gutsnachbarn. Es sind keine Grundschüler mehr, sondern Kinder, die beim *grammaticus* (s. Informationstext, S. 16) Unterricht bekamen, also sich mit lateinischer Literatur beschäftigten und Griechisch lernten. Zwei in bequemen Sesseln sitzende Schüler rezitieren aus einer Buchrolle, ein dritter kommt mit seinen zusammengeklappten und am Griff getragenen Schreibtafeln hinzu und grüßt die Anwesenden lässig mit der Hand. Es geht hier viel lockerer zu als etwa bei Magister Theophilus. Die Abbildung auf S. 15 ist schwer einer bestimmten Altersstufe zuzuordnen. Der Lehrer ist an seiner Kleidung als Grieche erkennbar, seine rechte Schulter ist frei. Zur Schülergruppe gehören auch zwei Mädchen, erkennbar an langem Kleid oder Haartracht. Der Bärtige (2. von rechts) ist kein Schüler, sondern ein *paedagogus*, ein Sklave, der die Kinder auf dem Schulweg begleitet. Es handelt sich auch hier also um Kinder aus wohlhabenden Familien. Das Mädchen, die Jüngste in der Gruppe, liest dem Lehrer aus einer Buchrolle vor oder zeigt ihm Geschriebenes. Möglicherweise sollte das Relief keine realistische Schulszene darstellen, sondern auf dem Sarkophag an eines der abgebildeten Kinder erinnern. Die Kindersterblichkeit war hoch im Altertum. (In

den Katakomben in Rom sind die Mehrzahl der in den Stein gehauenen Grabnischen Kindergräber.)

5. Holztäfelchen, die mit geschwärztem Wachs überzogen waren; Griffel mit breitem Ende (um das Wachs wieder glatt zu streichen). Die Täfelchen wurden zusammengeklappt.
6. Der Lehrer ist vermutlich Grieche (Kleidung, Bart); der Unterricht ist auf ihn zentriert, die Schüler schreiben nach Diktat und lernen viel auswendig. Nach dem Unterricht beim *grammaticus* gingen die Söhne reicher Leute zum *rhetor*, studierten in Athen oder Rhodos, um die Voraussetzungen für eine Karriere in Rom zu erhalten (vgl. den letzten Teil des Informationstextes, S. 16).

2 1. Theophilus magister est. 2. Quintus legit. 3. Quintus bene legit. 4. Tullia saepe peccat. Magister eam vituperat et Tullia ridet (oder: Tullia saepe peccat). 5. Tullia scribit et scribit et scribit (oder: Tullia ridet). 6. Theophilus dictat et dictat et dictat. 7. Tullia ridet. 8. Clamor non prodest, Theophilus stultus est. 9. Nihil agere delectat

3

Eigenname	Substantiv	Verb	Adverb	Sonstige
Quintus	*discipulus*	*est*	*bene*	*eum*
Theophilus	*Romanus*	*legit*	*saepe*	*eam*
Tullia	*magister*	*legere*	*valde*	*et*
	Graecus	*amat*	*magis*	*non*
	puella	*laudat*	*iam*	*itaque*
	clamor	*dictat*	*semper*	*quid*
	stultus	*scribit*		*sed*
	studium	*peccat*		*nihil*
	labor	*vituperat*		
		clamat		
		facit		
		ridet		
		tacet		
		cogitat		
		prodest		
		delectat		
		agere		

4 1. laudare – peccare – scribere – ridere – delectare – agere – esse – clamare – prodesse
2. amat – legit – ridet – est – facit – agit – tacet

5 z.B.: 1. Quintus bene legit. 2. Itaque magister eum laudat. 3. Puella scribere valde amat. 4. Itaque studium semper delectat. 5. Magister saepe clamat. 6. Quintus non ridet, sed cogitat: 7. »Cur magister saepe clamat?«

6 1. Magister saepe clamat.
2. Sed Tullia semper cogitat:
3. »Clamor non prodest.«

7

Puella ridet.	S – P
Itaque Theophilus magis clamat.	aB – S – aB – P
Tullia non iam ridet, sed tacet et cogitat:	S – aB – P, P – P
»Clamor non prodest.	S – P
Theophilus stultus est!«	S – P

8 z.B.: Tullia semper ridet – Magister valde clamat – Quintus bene legit – Clamor non prodest – Studium valde delectat – Itaque discipulus bene legit – Puella iam scribit usw.

9 legere – bene – amare – scribere

10

Fragen nach Satzgliedern	Satzglieder	Füllungsarten
Wer/Was tut/ist etwas?	*Subjekt: S*	*Substantiv/Name Pronomen (steckt in der Endung des Prädikats)*
Was wird ausgesagt? Was tut er/sie?	*Prädikat: P*	*Verb Hilfsverb + Substantiv*
Auf welche Weise? Wie? Warum? Wann? Wie oft?	*Adverbiale Bestimmung: aB*	*Adverb*

Lektion 2

Quintus besucht Marcus

Marcus Tullius Cicero ist Senator. Daher geht er oft in die Kurie und aufs Forum. Aber heute bleibt er zu Hause. Denn er erwartet Quintus. Quintus ist der Sohn seines Bruders. Er kommt gern zum Senator. Das Essen ist immer sehr gut. Quintus grüßt Marcus Tullius Cicero. Marcus freut sich, denn er liebt den Jungen sehr. Bald darauf bringt ein Sklave das Essen. Quintus isst (einen) Salat, (einen) Fisch und (ein) Brot. Der Junge trinkt Wasser, Marcus Wein. Marcus fragt Quintus: »Was lehrt der Lehrer? Lehrt er gut?« Quintus hört nicht (zu): er isst (ein) Brot, er isst (ein) Hühn-

chen. Aber nach dem Essen zeigt der Junge seine Tafel vor und liest. Dann isst er einen Apfel.
Marcus schreibt an seinen Bruder Quintus; denn der Bruder verwaltet eine Provinz. »Dein Sohn Quintus lernt gut; er schreibt gut; er liest gut; aber am besten – isst er/kann er essen.«

1 1. Quintus Marcum Tullium Ciceronem salutat; lactucam, piscem, panem comest; aquam bibit, non audit, comest panem, comest pullum; post cenam tabulam monstrat et legit; malum comest; optime comest.
2. Marcus bleibt zu Hause, weil er auf Quintus wartet. Quintus ist der Sohn des Bruders; Quintus geht gerne zum Onkel *(libenter)*. Marcus mag den Jungen sehr *(valde amat);* er freut sich, dass Quintus einen solchen Appetit entwickelt *(optime comest)*.
3. »Menü« bei Marcus: Salat, Fisch, Brot, Hühnchen, Apfel.
Erkennbare Speisereste: Schalen von Muscheln, Schnecken, Nüssen, Röhrenknochen von Vögeln und Hühnern, Krebse, Knoblauchzehen, Weintraubenstengel, Kirschen, Salatblätter; also etwas üppiger als bei Marcus, aber vergleichbar.
4. Tischsitten: Man lag im Speisezimmer (*triclinium*) auf einem Sofa (*lectus*) um einen kleinen Tisch herum, Frauen saßen am Tisch. Gegessen wurde mit den Fingern. Abfälle warf man auf den Boden, der dann von den Sklaven gereinigt werden musste. Dies trifft jedoch nur auf die wohlhabenderen Familien zu.

2 1. Marcus Tullius Cicero senator est. 2. Marcus Quintum, filium fratris, exspectat. 3. Cena semper optima est. 4. Servus cenam apportat. 5. Post cenam puer tabulam monstrat et legit. 6. Quintus bene discit, bene scribit, bene legit, optime comest.

3 1. interrogare – manere – ire – legere – discere – exspectare – esse – audire – amare
2. gaudet – monstrat – prodest – venit – it – administrat – scribit – ridet

4 forum – est – fratrem – puellam/puella – ridere/ridet – puerum – laborem – audit/audire – discipulus/discipulum

5 1. filium – forum – puellam – clamorem – Quintum – puerum – Graecum; *semper* und *hodie* sind Adverbien (unveränderlich).
2. curia – frater – aqua – vinum – senator – tabula – discipulus – studium

6 ad cenam/post cenam – ad filium/post filium – in provinciam/ad provinciam – ad senatorem/post senatorem – ad puerum/post puerum – ad studium/post studium – ad fratrem/post fratrem – ad servum/post servum – ad forum/in forum/post forum – ad aquam/in aquam/post aquam

7 1. Wohin geht der Senator nicht? aB. 2. Wen erwartet Marcus? AObj. 3. Wie oft kommt der Junge? aB. 4. Wer freut sich sehr? S. 5. Was bringt der Sklave? AObj.

6. Wie lernt der Junge? aB. 7. Wer verwaltet die Provinz? S. 8. Wann schreibt Marcus an den Bruder? aB.

8 1. sed, 2. nam/itaque/tum, 3. nam/itaque/tum, 4. nam/itaque, 5. sed

9 1. d) 2. a) 3. c) 4. b)

10 1. Quintus tabulam monstrat et bene legit. 2. Servus vinum apportat. 3. Marcus Tullius senator est. Itaque saepe in curiam it. 4. Servus pullum non comest, sed apportat. 5. Tullia puella est. 6. Quintus puer est/vinum non amat.

11

Fragen nach Satzgliedern	Satzglieder	Füllungsarten
Wer/Was tut/ist etwas?	Subjekt: S	Substantiv/Name Pronomen (steckt in der Endung des Prädikats) *Infinitiv*
Was wird ausgesagt? Was tut er/sie?	Prädikat: P	Verb Hilfsverb + Substantiv
Auf welche Weise? Wie? Warum? Wann? Wie oft? *Wohin?*	Adverbiale Bestimmung: aB	Adverb *Substantiv mit Präposition*
Wen? Was?	*Akkusativobjekt: AObj*	*Substantiv* *Infinitiv*

Lektion 3

Syrus in der Subura

Am Abend schreibt der Senator Marcus einen langen Brief. Er schreibt an T. Pomponius Atticus, seinen Freund. Dann ruft er Syrus. Syrus ist ein zuverlässiger Sklave; daher muss er den Brief zu Pomponius bringen. Syrus freut sich nicht; er ist nämlich ängstlich und die Nacht erschreckt ihn. Außerdem muss er durch die Subura, einen gefährlichen und dunklen Stadtteil, gehen.
Doch es ist Vollmond. Zuerst ist die Straße breit, doch bald darauf eng. Der Stadtteil schläft. Syrus ist allein. Plötzlich sieht er hinter sich einen großen Schatten. Der Schatten nähert sich. Der Sklave fürchtet sich. Daher beginnt er zu rennen. Auch der Schatten rennt. Syrus fürchtet sich mehr und mehr: er rennt und rennt ... Schließlich

kann er nicht mehr laufen. Er erwartet einen Schlag; er erwartet sein Ende, ... aber nichts geschieht. – Plötzlich fängt Syrus an zu lachen ...

1
1. Syrus: servus fidus est – epistulam apportare debet – non gaudet – timidus est – nox eum terret – per Suburam ire debet – solus est – umbram videt – timet – currit et currit – currere non iam potest – plagam/finem suum exspectat – incipit ridere.
2. a) Der Träger kommt aus Syrien (genannt: »der Syrer«); b) ist Sklave.
3. timet – magis magisque timet – currit et currit
4. *subito*: Signalwort – Die Sätze werden kürzer, die zunehmende Angst ist durch die Wiederholung von *magis* ausgedrückt, das hektische Laufen durch die Wiederholung von *currit*.
5. Ein »dunkles« Viertel: dicht bevölkert, von ärmeren Leuten bewohnt, in der Nähe des Forum Romanum.

2 *epistulam longam – epistula longa:* den langen Brief – der lange Brief.
servus fidus – servum fidum: der treue Sklave – den treuen Sklaven.
vicum dubium et obscurum – vicus dubius et obscurus: ein zweifelhaftes und dunkles Viertel – ein zweifelhaftes und dunkles Viertel.
magnam umbram – magna umbra: den großen Schatten – der große Schatten.

3 *magnus clamor:* großes Geschrei – *magnum clamorem:* großes Geschrei – *post magnam cenam:* nach dem großen Essen – *puer fidus:* der treue Junge – *puerum fidum:* den treuen Jungen – *tabulam plenam:* die volle Tafel – *ad forum latum:* beim/zum weiten Forum – *per Suburam dubiam:* durch die zweifelhafte Subura – *discipulus suus:* sein/ihr Schüler – *epistulam longam:* den langen Brief – *amicam timidam:* die ängstliche Freundin – *puerum timidum:* den ängstlichen Jungen

4
1. *Magister*: Substantiv, Nom. Sg. m., Subjekt; *Tulliam*: Substantiv, Akk. Sg. f., AObjekt; *vituperat*: Verb, 3. Pers. Sg., Prädikat
2. *Syrus*: Substantiv, Nom. Sg. m., Subjekt; *timidus*: Adjektiv, Nom. Sg. m., Prädikat(snomen); *est*: (Hilfs)verb, 3. Pers. Sg., Prädikat (Kopula)
3. *Nox*: Substantiv, Nom. Sg. f., Subjekt; *obscura*: Adjektiv, Nom. Sg. f., Prädikat(snomen); *est*: (Hilfs)verb, 3. Pers. Sg., Prädikat (Kopula)
4. *Syrum*: Substantiv, Akk. Sg. m., AObjekt; *nox*: Substantiv, Nom. Sg. f., Subjekt; *obscura*: Adjektiv, Nom. Sg. f., Attribut (zum Subjekt); *valde*: Adverb, adverbiale Bestimmung der Art und Weise; *terret*: Verb, 3. Pers. Sg. Präs., Prädikat
5. *Magna*: Adjektiv, Nom. Sg. f., Attribut (zum Subjekt); *cena*: Substantiv, Nom. Sg. f., Subjekt; *Quintum*: Substantiv, Akk. Sg. m., Objekt; *puerum*: Substantiv, Akk. Sg. m., Attribut (zum Objekt); *delectat*: Verb, 3. Pers. Sg., Prädikat
6. *Cena*: Substantiv, Nom. Sg. f., Subjekt; hodie*:* Adverb, adverbiale Bestimmung der Zeit; *magna*: Adjektiv, Nom. Sg. f., Prädikat(snomen); *est*: (Hilfs)verb, 3. Pers. Sg., Prädikat (Kopula)

5 z.B.: *M. Tullius ad amicum suum epistulam scribit; tum Syrum, servum fidum, vocat. Sed Syrus non gaudet; nam timidus est, per Suburam enim ire debet. Syrus solus est; etiam umbra eum terret. Itaque currere incipit; tum plagam exspectat. Sed nihil accidit. Denique ridere incipit.* Marcus Tullius schreibt an seinen Freund einen Brief; dann ruft er Syrus, seinen treuen Sklaven. Aber Syrus freut sich nicht; denn er ist ängstlich, er muss nämlich durch die Subura gehen. Syrus ist alleine; auch ein Schatten erschreckt ihn. Daher beginnt er zu laufen; dann erwartet er einen Schlag. Aber nichts geschieht. Schließlich beginnt er zu lachen.

6 1. Quid Marcus legit? 2. Quis epistulam scribit? 3. Quid Tulliam terret? 4. Cur Syrus currit? 5. Quid delectat? 6. Quid Syrum terret?

7 Tullia amica; magister Theophilus; in Suburam, vicum angustum et obscurum; Quintus puer; Theophilum, magistrum suum; ad M. Tullium senatorem; Syrum, servum fidum

8

Ort (wohin?):	*in forum, ad Marcum Tullium, post curiam, per forum*
Ort (wo?):	*post curiam, ad forum, domi*
Zeit:	*post cenam, hodie, mox, saepe, semper*
Art und Weise:	*bene, magis, valde*

9 1. epistula – finis – vocare – obscurus – videre – solus – dubius – terrere
2. Freund – Freund – treu – Nacht – schlafen – schlafen – Schatten – Schatten – Ende – Ende

Lektion 4

Auf dem Lande

Gnaeus Cornelius besucht heute sein Landgut. Der Gutsverwalter Felicio begrüßt seinen Herrn. Dann schauen sie (sich) den Garten, den Weinberg, den Wald und die Felder an. Sie gehen herum und sehen viele Sklaven und viele Sklavinnen: Alle arbeiten. Die einen graben den Garten um, die anderen pflügen die Felder. Die einen fällen Bäume, die anderen sammeln Weintrauben oder Oliven. Einige befestigen einen Weg. Die Sklavinnen bereiten das Essen vor. Alle sind, wenn sie ihren Herrn sehen, besonders fleißig.
Aber der Sklave Davus sieht nichts; er schläft nämlich. Denn der alte Mann ist krank (oder: er ist ein alter kranker Mann) und die Anstrengungen sind groß. Gnaeus schreit sehr; er tadelt den Verwalter, schlägt den Sklaven. Später wird Davus in Ketten gelegt.
Heute ist Gnaeus nicht zufrieden:

Cn.: Warum sind die Sklaven so faul?
Felicio: Faul sind sie nicht, aber einige sind nicht gesund.
Cn.: Warum sind sowohl die Bäume als auch die Oliven und Trauben so klein?
Felicio: Schlechtes Wetter ...

Am folgenden Tage machen der Herr und der Gutsverwalter eine Versteigerung: Sie verkaufen sowohl Äpfel als auch Wein als auch Oliven und Bäume. Sie verkaufen auch eine kranke Sklavin – und Davus, den alten Sklaven.

1

1. villam, vilicus, hortum, vineam, silvam agrosque, hortum fodiunt, agros arant, arbores caedunt, uvas, olivas colligunt, viam muniunt, arbores et olivae et uvae, auctionem faciunt, vendunt, mala et vinum et olivas et arbores.
2. z.B.: Z. 2–5: Besuch und Rundgang des Gutsbesitzers, Z. 6–11: Arbeiten auf dem Landgut, Z. 12–16: Verhalten gegenüber dem kranken Sklaven Davus, Z. 17–22: Kritik des Besitzers am Verwalter, Z. 23–25: Auktion.
3. Cornelius: visitat, clamat, vituperat, ferit, (contentus non est). Felicio: salutat. Cornelius et Felicio: spectant, circumeunt, vident, faciunt, vendunt. Servi ancillaeque: laborant, fodiunt, arant, caedunt, colligunt, muniunt, parant, vident (seduli sunt, non pigri sunt, non valent). Davus: nihil videt, dormit.
4. Zuständig für den ordnungsgemäßen Ablauf der Arbeiten, für gute Ernte, Vorgesetzter der Sklaven, verantwortlich gegenüber dem Gutsbesitzer.
5. Er wird getadelt und geschlagen, schließlich verkauft. Auch heute werden ältere Arbeitskräfte »freigesetzt«. Im Gegensatz zur Antike sind sie aber sozial abgesichert, erhalten eine Abfindung.
6. Viele Varianten sind möglich.
7. Die Zeichnung S. 31 zeigt Wohn- und Wirtschaftsgebäude eines Landgutes. Im Hintergrund steht das Wohngebäude der Besitzer und wohl auch eines Teiles der freien oder unfreien Arbeitskräfte. Der Wohntrakt ist durch ein Tor und eine Mauer vom übrigen Hof abgetrennt. Rechts beginnen die zur Verarbeitung von Getreide, Oliven und Weintrauben und zur Vorratshaltung bestimmten Gebäude. Die Dächer werden gerade ausgebessert. Links befinden sich, durch eine Mauer abgegrenzt, Amphoren mit Wein oder Öl, die durch Deckel mit Wachssiegel abgeschlossen sind. Ein Lastwagen mit Oliven oder roten Weintrauben ist vorgefahren und wird ausgeladen. Hühner laufen frei in der *aula* umher, Pferde sind dort angebunden; Rinder befinden sich nicht hier, sondern auf der Weide. Getreide in größeren Mengen wurde in einer von Eseln gedrehten Mühle gemahlen (s. Abbildung S. 33). Für kleinere Mengen gab es Handmühlen.

2 visitat – visitant, salutat – salutant, spectant – spectat, circumeunt – circumit, vident – videt, laborant – laborat, fodiunt – fodit, arant – arat, caedunt – caedit, colligunt – colligit, muniunt – munit, parant – parat, vident – videt, seduli sunt – sedulus est, videt – vident, dormit – dormiunt, aeger est – aegri sunt, magni sunt – magnus est, clamat – clamant, vituperat – vituperant, ferit – feriunt, contentus est – contenti sunt, pigri sunt – piger est, valent – valet, parvae sunt – parva est, faciunt – facit, vendunt – vendit

3

Nom. Sg. a-Dekl.:	–
Nom. Sg. o-Dekl.:	*Gnaeus Cornelius, vilicus, Davus servus, Gnaeus, dominus*
Nom. Sg. kons. Dekl.:	*senex, (tempestas)*
Nom. Pl. a-Dekl.:	*ancillae, olivae, uvae*
Nom. Pl. o-Dekl.:	*servi*
Nom. Pl. kons. Dekl.:	*labores, arbores*
Akk. Sg. a-Dekl.:	*villam, vineam, silvam, viam, cenam, ancillam*
Akk. Sg. o-Dekl.:	*dominum, hortum, vilicum, servum, vinum, Davum*
Akk. Sg. kons. Dekl.:	*(auctionem), senem*
Akk. Pl. a-Dekl.:	*ancillas, uvas, olivas*
Akk. Pl. o-Dekl.:	*agros, servos, mala*
Akk. Pl. kons. Dekl.:	*arbores*

4 vias obscuras – servi Graeci – provincias Romanas – magnae umbrae – fratres aegros – domini contenti – magna fora – noctes obscurae

5
1. *horti*: die einzige Form, die nicht Akkusativ sein kann
2. *vinum*: die einzige Neutrumform
3. *vicos*: das einzige Wort, das nicht für Personen steht
4. *puerum*: die einzige maskuline Form
5. *arbor*: die einzige feminine Form

Es gibt auch andere Lösungsmöglichkeiten.

6 amicos fidos – puer sedulus – magnum clamorem – fratrem aegrum – arbores magnae – arbores parvas – fora lata – magistrum contentum – puellas parvas

7
1. discipulus – magister – puella – senator – filius – frater – puer – servus – amicus – amica – vilicus – dominus – ancilla
2. Verben der Bewegung: *venire, apportare, appropinquare, currere, circumire*
   Verben, die einen Gemütszustand bezeichnen: *ridere, gaudere, timere*

8 1. Marcus senator saepe/hodie multas epistulas scribit. 2. Syrus servus exspectat finem suum. 3. Syrus non amat per Suburam ire. 4. Vilicus hodie/saepe contentus non est. 5. Gnaeus vendit servum.

Lektion 5

Ein Tag im Leben eines vornehmen Römers

Wenn Plinius in seinem Landhaus ist, wacht er meistens zur ersten Stunde auf, doch er bleibt (noch) im Bett und denkt über vieles nach. Bald darauf ruft er seinen Sekretär. Der Sklave kommt mit einer (Schreib-)Tafel. Plinius diktiert, der Sklave schreibt mit großer Sorgfalt.
Zur vierten oder fünften Stunde geht Plinius im Garten spazieren, immer denkt er nach, immer diktiert er. Dann schläft er ein wenig. Später liest er mit lauter Stimme/laut eine griechische oder lateinische Rede. Er geht spazieren, trainiert/treibt Sport und wäscht sich mit kaltem Wasser.
Oft kommen Freunde aus den nächstgelegenen Landgütern. Zur elften Stunde isst der (Haus-)Herr mit seiner Frau und seinen Freunden. Plinius erzählt: Er hat vor, eine (öffentliche) Bibliothek zu stiften und das Volk mit viel Geld zu unterstützen. Unter gelehrten und fröhlichen Gesprächen zieht sich das Essen dahin.
Doch heute ist Plinius nicht frei von Sorgen: Sein Freigelassener Zosimus ist krank. Plinius mag den Freigelassenen sehr, er ist nämlich gebildet und zuverlässig. Daher schreibt er einen Brief an einen Freund: »Zosimus braucht eine Kur und eine Luftveränderung. Deswegen möchte ich den Freigelassenen auf dein Landgut schicken ...«

1
1. hora prima: evigilat, in lecto manet, multa cogitat. – mox: notarium vocat, dictat. – hora quarta vel quinta: in horto ambulat, cogitat, dictat. – tum: dormit. – postea: legit, ambulat, se exercet, lavatur. – hora undecima: cenat, narrat. – hodie: (a curis liber non est) scribit
2. Hohe gesellschaftliche Stellung, kann das Landgut genießen, muss nicht dort arbeiten, beschäftigt sich mit Literatur, will Bibliothek gründen, unterstützt arme Leute. Reicher, gebildeter Mensch, der auch seine Untergebenen gut behandelt.
3. Plinius schätzt seinen Freigelassenen sehr, ist um ihn besorgt, will ihn zu einer »Kur« schicken. Der Sklave Davus in Lektion 4 wird als Arbeitsmaterial behandelt, das abgestoßen wird, wenn es alt ist.
4. Das Leben der Sklaven war sehr unterschiedlich: Der Sklave Davus arbeitet hart auf dem Land, die Sklavinnen im Haus einer reichen Dame führten oft ein angenehmes Leben. Ein Kriegsgefangener musste damit rechnen, in die Sklaverei verkauft zu werden. Kam er in ein Bergwerk als Arbeitssklave, so war seine Lebenserwartung sehr gering.

2 womit? *aqua frigida, magna pecunia, sermonibus doctis laetisque, magna voce*
wo? *in villa, in lecto, in horto, in animo*
wann? *hora prima, hora quarta vel quinta, hora undecima*
wovon? woher? *e proximis villis, a curis, (curatione et mutatione)*

mit wem? mit was? *cum tabula, cum uxore amicisque*
wie? auf welche Weise? *magna cura, magna voce, sermonibus doctis laetisque*

3 in silva/silvis – e silva/silvis – magno clamore/magnis clamoribus – in horto/hortis – cum magistro/magistris – in arbore/arboribus – cum amico/amica/amicis – aqua/aquis – magna voce

4 magna cura – magnam curam – magnas curas – magnae curae – magnis curis – magna cura – magna cura
hortus latus – hortum latum – hortos latos – horti lati – hortis latis – horto lato – hortus latus
sermo doctus – sermonem doctum – sermones doctos – sermones docti – sermonibus doctis – sermone docto – sermo doctus
hora alia – horam aliam – horas alias – horae aliae – horis aliis – hora alia – hora alia
arbor tua – arborem tuam – arbores tuas – arbores tuae – arboribus tuis – arbore tua – arbor tua
magister sedulus – magistrum sedulum – magistros sedulos – magistri seduli – magistris sedulis – magistro sedulo – magister sedulus
forum plenum – forum plenum – fora plena – fora plena – foris plenis – foro pleno – forum plenum
puer Romanus – puerum Romanum – pueros Romanos – pueri Romani – pueris Romanis – puero Romano – puer Romanus

5 1. *Marcus in curiam it:* Markus geht in die Kurie. 2. *Gnaeus hodie vilicum vituperat:* Gnaeus tadelt heute den Verwalter. 3. *Servi viam magnis laboribus muniunt:* Die Sklaven befestigen die Straße unter großen Mühen. 4. *Marcus epistulam ad Quintum mittit:* Markus schickt einen Brief an Quintus. 5. *Gnaeus saepe villam visitat:* Gnaeus besucht oft das Landhaus. 6. *Ancillae cum servis in villa cenam parant:* Die Sklavinnen bereiten zusammen mit den Sklaven das Essen im Landhaus zu. 7. *Dominus cum uxore cenat:* Der Hausherr speist mit seiner Frau. 8. *Amici e proximis villis veniunt:* Die Freunde kommen aus den nächsten Landhäusern.

6 Es gibt viele Lösungsmöglichkeiten.

7 9 Uhr: *hora quarta* – 10 Uhr: *hora quinta* – 16 Uhr: *hora undecima*

8

Fragen nach Satzgliedern	Satzglieder	Füllungsarten
Wer/Was tut/ist etwas?	Subjekt: S	Substantiv/Name Pronomen (steckt in der Endung des Prädikats) Infinitiv

Was wird ausgesagt? Was tut er/sie?	Prädikat: P	Verb Hilfsverb + Substantiv *Hilfsverb + Adjektiv*
Auf welche Weise? Wie? Warum? Wann? Wie oft? *Wo? Wovon? Woher?* *Womit?* *Wodurch? Mit wem?*	adverbiale Bestimmung: aB	Adverb Substantiv mit Präposition *Substantiv im Ablativ*
Wen? Was?	Akkusativobjekt: AObj	Substantiv Infinitiv
Was für ein?	*Attribut: Attr*	*Adjektiv* *Substantiv*

Lektion 6

In der Großstadt Rom

Marcia: He, Nachbar! Guten Tag!

Lucius: Hallo, Marcia, sei auch du gegrüßt! Was machst du?

Marcia: Ich? Nichts mache ich. – Ich bin müde, sogar (noch) nach der Nacht.

Lucius: Auch ich kann in diesem Wohnblock da nicht schlafen. Immer Lärm ...

Marcia: Nachts arbeiten mit großem Lärm die Bäcker und hindern uns am Schlaf(en).

Lucius: Wir hören nicht nur die Bäcker. Hörst du nicht auch die Karren, die immer nachts ihr Material durch den Stadtteil transportieren?

Marcia: Ich höre (sie) ...

Lucius: Oder ein Dieb überfällt irgendjemanden auf der dunklen Straße. – Der Arme schreit. Ich kann (ihm) nicht helfen. – Bin ich etwa Hercules?

Marcia: Und dieser Lehrer Theophilus da! Schon in der ersten Stunde stört er die Stille mit seinen wütenden Worten, schlägt die Schüler mit dem Rohrstock. Hör (doch mal): Die Schüler schreien (schon) wieder.

Tiberius: (schaut neben Marcia aus dem Fenster) Sei gegrüßt, Lucius! Dieser Lehrer da! Dieses Geschrei da! (ruft mit lauter Stimme) He, du, Theophilus! Schick deine Schüler fort, sei ruhig! Hörst du denn nicht?

Lucius: (schreit) Ihr Lehrer! Warum schreit ihr immer? Geht (weg) oder seid ruhig! Ihr seid lästig!
(Schon eilt das Volk/eilen die Leute durch die Straßen.)

Marcia: Dort geht Titus. – Aber schau (dir) dort den Nachbarn Clodius an! Dieser

Clodius da gießt seinen Nachtopf aus dem Fenster auf die enge Straße. Nimm dich in Acht, Titus!

Lucius: Schon höre ich die fleißigen Handwerker arbeiten. Sieh (nur): Die Kaufleute gehen herum, mit lauter Stimme preisen sie ihre Weine und ihre Fische an.

Tiberius: Auch wir müssen arbeiten, Lucius. Geh/komm mit mir!

Marcia: Auch mich ruft mein Speiselokal zur Arbeit. Da! Der Sklave Davus bringt schon seine Fische. Besuchst du uns nach der Arbeit, Lucius? Wir laden dich ein, iss mit uns!

Lucius: Gern esse ich mit euch, Marcia. Ich danke (dir/euch). Ich bringe Wein mit. – Komm mit mir, Tiberius! Leb wohl, Marcia!

1

1. Marcia, Lucius, Tiberius reden über andere: Z. 7–8, 13–14a, 16–18, 26–28a, 29b-31, 33b-34a
   Marcia, Lucius und Tiberius reden von sich selber: Z. 4, 5, 6, 9a, 12, 14b-15, 29a, 32a, 33a, 36–37a
   Marcia, Lucius und Tiberius reden sich an: Z. 2, 3, 9b-11, 18a, 19–20, 26b, 29b, 32b, 34b-35, 37b-38
2. Lärmbelästigung bei Nacht, Diebe, Ruhestörung durch den Lehrer Theophilus, Nachttopfentleerung, Händler, Verabredung zur *cena*.
3. insula, clamor, pistores laborant, magno cum clamore, a somno prohibent, carros materiam vehunt, fur, via obscura, populus per vias properat, matellam effundit, viam angustam, fabros sedulos, mercatores, popina: Viele Ausdrücke bezeichnen den Lärm und das Durcheinander der Stadt.
4. Einfache, gesellige Leute, Marcia besitzt ein Lokal.
5. –

2

1. Pers. Sg.:	*ago, sum, possum, audio, ceno, ago, apporto*
2. Pers. Sg.:	*agis, audis, visitas*
3. Pers. Sg.:	*opprimit, clamat, rumpit, ferit, spectat, properat, it, effundit, vocat, apportat*
1. Pers. Pl.:	*audimus, debemus, invitamus*
2. Pers. Pl.:	*clamatis, estis*
3. Pers. Pl.:	*laborant, prohibent, vehunt, clamant, circumeunt, laudant*
Imp. Sg.:	*salve, audi, dimitte, tace, specta, cave, vide, i, cena, veni, vale*
Imp. Pl.:	*ite, tacete*
Inf.:	*dormire, adiuvare, laborare*

3

1. *lego, legis, legit, legimus, legitis, legunt*: ich lese, du liest, er (sie, es) liest, wir lesen, ihr lest, sie lesen
2. *venio, venis, venit, venimus, venitis, veniunt:* ich komme, du kommst, er (sie, es) kommt, wir kommen, ihr kommt, sie kommen
3. *prosum, prodes, prodest, prosumus, prodestis, prosunt:* ich nütze, du nützt, er nützt, wir nützen, ihr nützt, sie nützen

4. *timeo, times, timet, timemus, timetis, timent:* ich fürchte, du fürchtest, er fürchtet, wir fürchten, ihr fürchtet, sie fürchten

5. paro	6. gaudeo	7. sum
paras	gaudes	es
parat	gaudet	est
paramus	gaudemus	sumus
paratis	gaudetis	estis
parant	gaudent	sunt

8. discunt, discitis, discimus, discit, discis, disco
9. vocant, vocatis, vocamus, vocat, vocas, voco

4
1. docemus, doceo, docet, docent, docetis, docete, doce, docere
2. audiunt, audit, audio, audis, audi, audite, audire
3. facimus, facio, facis, facit, faciunt, facitis, facite, facere
4. agitis, agis, age, agite, agere
5. estis, es, sum, sumus, sunt, esse
6. aras, aro, aramus, arant, aratis, arare
7. possumus, possum, potes, potest, possunt, posse

5 vendo – administro – rideo – laboro – maneo – munio – gaudeo – possum – colligo – caveo – veho – audio – timeo – narro

6

1. *properant*:	3. Pers. Pl. Präs. Aktiv von *properare*, eilen: sie eilen
vituperate:	Imp. Pl. von *vituperare*, tadeln: tadelt!
vocamus:	1. Pers. Pl. Präs. Aktiv von *vocare*, rufen: wir rufen
salutate:	Imp. Pl. von *salutare*, grüßen: grüßt!
salve:	Imp. Sg. von *salvere*, gesund sein: sei gegrüßt!
mittimus:	1. Pers. Pl. Präs. Aktiv von *mittere*, schicken: wir schicken
dormiunt:	3. Pers. Pl. Präs. Aktiv von *dormire*, schlafen: sie schlafen
dimittit:	3. Pers. Sg. Präs. Aktiv von *dimittere*, entlassen: er (sie, es) entlässt
laudas:	2. Pers. Sg. Präs. Aktiv von *laudare*, loben: du lobst
clamatis:	2. Pers. Pl. Präs. Aktiv von *clamare*, schreien: ihr schreit
circumimus:	1. Pers. Pl. Präs. Aktiv von *circumire*, herumgehen: wir gehen herum
cenant:	3. Pers. Pl. Präs. Aktiv von *cenare*, essen: sie essen
2. *appropinquas*:	2. Pers. Sg. Präs. Aktiv von *appropinquare*, sich nähern: du näherst dich
ambulatis:	2. Pers. Pl. Präs. Aktiv von *ambulare*, spazieren gehen: ihr geht spazieren
adiuvate:	Imp. Pl. von *adiuvare*, helfen: helft!
audi:	Imp. Sg. von *audire*, hören: höre!
cogito:	1. Pers. Sg. Präs. Aktiv von *cogitare*, denken: ich denke
es:	2. Pers. Sg. Präs. Aktiv oder Imp. Sing. von *esse*, sein: du bist oder sei!

agunt:	3. Pers. Pl. Präs. Aktiv von *agere*, handeln: sie handeln
potest:	3. Pers. Sg. Präs. Aktiv von *posse*, können: er (sie, es) kann
debeo:	1. Pers. Sg. Präs. Aktiv von *debere*, müssen: ich muss
narro:	1. Pers. Sg. Präs. Aktiv von *narrare*, erzählen: ich erzähle
vides:	2. Pers. Sg. Präs. Aktiv von *videre*, sehen: du siehst
spectatis:	2. Pers. Pl. Präs. Aktiv von *spectare*, schauen: ihr schaut
scribunt:	3. Pers. Pl. Präs. Aktiv von *scribere*, schreiben: sie schreiben
sum:	1. Pers. Sg. Präs. Aktiv von *esse*, sein: ich bin

7

1. *te:* Marcia ruft: »Lucius, ich lade dich zum Essen ein.«
2. *tu – ego:* Tullia sagt zu Quintus: »Du kannst spazieren gehen, aber ich muss arbeiten.«
3. *nos – nos:* Marcia und Lucius: »Wir schreien nicht, aber andere halten uns mit ihrem Geschrei vom Schlaf ab.«
4. *ego:* Marcia: »Nicht ich schütte den Nachttopf auf die Straße, sondern der Nachbar Clodius.«
5. *vos – nobiscum:* Die Nachbarn laden euch ein: »Esst mit uns.«
6. *vos – nos:* Felicio denkt: »Ihr Herren arbeitet nicht, aber tadelt uns.«

8 *post noctem:* Zeit; *in ista insula:* Ort; *semper:* Zeit; *nocte:* Zeit; *magno cum clamore:* Art und Weise; *a somno:* Trennung; *per vicum:* Ort; *in via obscura:* Ort; *prima hora:* Zeit; *verbis saevis*: Mittel und Werkzeug/Art und Weise; *virga:* Mittel und Werkzeug; *iuxta Marciam:* Ort; *e fenestra:* Ort; *magna voce:* Art und Weise/Mittel und Werkzeug; *per vias:* Ort; *ibi:* Ort; *de fenestra:* Ort; *in viam angustam:* Ort; *mecum:* Begleitung; *ad laborem:* Ort; *post laborem:* Zeit; *nobiscum:* Begleitung; *libenter:* Art und Weise; *vobiscum:* Begleitung; *mecum:* Begleitung

9

Fragen nach Satzgliedern	Satzglieder	Füllungsarten
Wer/Was tut/ist etwas?	Subjekt: S	Substantiv/Name Pronomen (steckt in der Endung des Prädikats) Infinitiv
Was wird ausgesagt? Was tut er/sie?	Prädikat: P	Verb Hilfsverb + Substantiv Hilfsverb + Adjektiv
Auf welche Weise? Wie? Warum? Wann? Wie oft? Wo? Wovon? Woher? Womit? Wodurch? Mit wem?	adverbiale Bestimmung: aB	Adverb Substantiv mit Präposition Substantiv im Ablativ *Personalpronomen*

Wen? Was?	Akkusativobjekt: AObj	Substantiv Infinitiv *Personalpronomen*
Was für ein?	Attribut: Attr	Adjektiv Substantiv

10 Es gibt viele Lösungsmöglichkeiten.

Lektion 7

Sport und Spiele

Quintus: Kommst du mit mir aufs Marsfeld, Publius?
Publius: Ich komme gerne mit dir, Quintus. Aber das Marsfeld, was ist das?
Quintus: Es ist es großer Platz, wo die jungen Männer der Stadt (sich) trainieren/ Sport treiben. Komm!
Publius: Was machst du auf diesem Marsfeld da?
Quintus: Ich treffe meine Freunde, die Söhne anderer Senatoren. Wir laufen, machen Hoch- oder Weitsprung, oft reiten wir auch und machen Ringkämpfe.
Publius: Ich mag weder laufen noch springen noch reiten noch ringen. Kämpfen macht mir keinen Spaß.
Quintus: *(lacht)* Fürchtest du dich etwa vor einer Niederlage?
Publius: Ich habe keine Angst vor einer Niederlage, sondern ... ich bin faul.
Quintus: Das finde ich nicht gut. – Spielst du etwa nicht einmal Ball? Alle Römer spielen Ball.
Publius: Auch Ball spielen macht mir keinen Spaß.
Quintus: Was aber machst du, wenn du Zeit hast?
Publius: Ich spiele mit meinen Brüdern oder mit meinen Freunden. Wir spielen mit dem Würfel, mit Nüssen. Manchmal schlagen wir auch den Reifen.
Quintus: Das sind Spiele von Jungen oder Mädchen! Das sind nicht die Spiele junger Männer, nicht die Spiele künftiger Soldaten, nicht des Sohns eines Senators.
Publius: Es sind angenehme Spiele und sie machen nicht müde.
Quintus: Ihr seid wirklich faul, wenn ihr nichts anderes macht, wenn ihr nicht einmal auf dem Ringplatz trainiert.
Publius: Trainieren denn nicht auch Mädchen auf dem Marsfeld?
Quintus: Es ist nicht Sache der Mädchen zu trainieren. Sache eines Mädchens/

Mädchensache ist es, sich um das Haus zu kümmern, der Mutter zu helfen, das Essen zuzubereiten, zu spinnen.
Publius: Zu spinnen??
Quintus: (Ja,) zum Beispiel. – Aber komm trotzdem mit mir. Du kannst wenigstens zuschauen. Oder macht dich etwa auch das Zuschauen (schon) müde?

1
1. Z. 5/6: ein großes Feld, wo die jungen Leute der Stadt Sport treiben; Z. 8: die Söhne anderer Senatoren; Z. 28/29: keine Frauen; Z. 9 : Lauf, Weit- und Hochsprung; Z. 10: Reiten, Ringen; Z. 15/16: Ballspiele
2. Die Sportarten stimmen weitgehend überein, nur das Ringen ist eher kein Volkssport.
3. Die militärische Ausbildung stand im Vordergrund (Z. 22f. *militum futurorum*), heute treibt man Sport eher zum persönlichen Vergnügen, zur Förderung der Gemeinschaft, zur Fitness.
4. Quintus kennt sich sehr gut auf dem Marsfeld aus, trifft dort Gleichaltrige, treibt viel Sport.
   Publius liebt den Sport nicht, er ist eher für Spiele, die Quintus als Kinderspiele bezeichnet.

2

ancilla die Sklavin	*virgo* das Mädchen	*amicus* der Freund	*exemplum* das Beispiel
ancillae der Sklavin	*virginis* des Mädchens	*amici* des Freundes	*exempli* des Beispiels
–	–	–	–
ancillam die Sklavin	*virginem* das Mädchen	*amicum* den Freund	*exemplum* das Beispiel
cum ancilla mit der Sklavin	*cum virgine* mit dem Mädchen	*cum amico* mit dem Freund	*exemplo* mit dem Beispiel
ancillae die Sklavinnen	*virgines* die Mädchen	*amici* die Freunde	*exempla* die Beispiele
ancillarum der Sklavinnen	*virginum* der Mädchen	*amicorum* der Freunde	*exemplorum* der Beispiele
–	–	–	–
ancillas die Sklavinnen	*virgines* die Mädchen	*amicos* die Freunde	*exempla* die Beispiele
cum ancillis mit den Sklavinnen	*cum virginibus* mit den Mädchen	*cum amicis* mit den Freunden	*exemplis* mit den Beispielen

3 *disciplui magistri Theophili:* die Schüler des Lehrers Theophilus – *verbum uxoris fidae:* das Wort der treuen Gattin, *verbum uxorum fidarum:* das Wort der treuen Gattinnen – *finis orationis tuae:* das Ende deiner Rede, *finis orationum tuarum:* das Ende deiner Reden – *somnus militis fatigati:* der Schlaf des müden Soldaten, *somnus militum fatigatorum:* der Schlaf der müden Soldaten – *sermo senatoris:* das Gespräch mit dem Senator, *sermo senatorum:* das Gespräch mit den Senatoren – *ludus Romani:* das Spiel des Römers, *ludus Romanorum:* das Spiel der Römer – *labor servi miseri:* die Arbeit des armen Sklaven, *labor servorum miserorum:* die Arbeit der armen Sklaven – *ludus puellae vel pueri:* das Spiel des Mädchens oder des Jungen – *ludus puellarum vel puerorum:* das Spiel der Mädchen oder Jungen – *vox populi Romani:* die Stimme des römischen Volkes – *clamor adulescentis laeti:* das Geschrei des fröhlichen jungen Mannes, *clamor adulescentium laetorum:* das Geschrei der fröhlichen jungen Männer – *exempli gratia:* des Beispiels wegen, *exemplorum gratia:* der Beispiele wegen – *pecunia mercatoris Graeci:* das Geld des griechischen Kaufmanns, *pecunia mercatorum Graecorum:* das Geld der griechischen Kaufleute.

4 die Sorge um das Wasser (obi.) – die Sorge der Mutter (subi.), die Sorge um die Mutter (obi.) – die Sorge der Brüder (subi.), die Sorge um die Brüder (obi.) – die Sorge um den Wein (obi.) – die Bemühung des Sohnes (subi.), die Bemühung um den Sohn (obi.) – die Bemühung um Geld (obi.) – der Eifer des Lehrers (subi.) – die Bemühung um den Lehrer (obi.) – die Furcht der Sklaven (subi.), die Furcht vor den Sklaven (obi.) – die Furcht des Herrn (subi.), die Furcht vor dem Herrn (obi.) – die Furcht vor der Niederlage (obi.) – die Furcht vor dem Schatten (obi.).

5 1. Publius, mein Freund (Apposition), kommt mir mir aufs Marsfeld. 2. Die jungen Männer der Stadt (Genitivattribut) üben sich dort mit großem Eifer (adjektivisches Attribut). 3. Die Spiele der Jungen und Mädchen (Genitivattribut) machen Quintus, dem Freund des Publius (Apposition und Genitivattribut), keinen Spaß. 4. Die Spiele der jungen Männer (Genitivattribut) und zukünftigen Soldaten (Genitivattribut und adjektivisches Attribut) ermüden Publius. 5. Die Söhne der Senatoren (Genitivattribut) spielen mit ihren Freunden Ball. 6. Der Freund Publius (Apposition) mag weder laufen noch reiten; er schaut sich nur die Spiele des Freundes (Genitivattribut) an.

6 z.B.: *villa Ciceronis senatoris:* das Landgut des Senators Cicero; *viae urbis:* die Straßen der Stadt; *pila adulescentis:* der Ball des Jungen; *tabula discipulorum:* die Tafel der Schüler; *pecunia dominae:* das Geld der Herrin; *vinum mercatorum:* der Wein der Kaufleute.

7 Leicht zu merken sind die Wörter, mit denen man etwas (z.B. ein Fremdwort oder Lehnwort) verknüpfen kann: *longus – videre – exemplum – studium – dominus – salutare – audire – ire – quartus – angustus;* schwerer sind insbesondere kleine Wörter zu merken und Wörter, mit denen man nicht sofort etwas verknüpfen kann: *valde – interdum – mox – appropinquare – munire – a – num – denique – an – ad – aut – nam – caedere.*

8 *Delirant isti Romani:* Die spinnen, die Römer!

Lektion 8

Ein Tag in den Thermen

Quintus geht gern durch die Straßen der Stadt. Er betritt einen schmalen Weg. Plötzlich sieht er Titus. Quintus hört seinen Freund vom Fenster aus rufen: »Hallo, du, Quintus! Warum gehst du spazieren? Musst du denn nicht lernen?« Quintus: »Der Lehrer Theophilus ist krank.« Titus: »Wirklich?? – Was gedenkst du zu tun/Was hast du vor? Wohin gehst du?« Quintus: »Ich habe nichts vor, aber wenn du Lust hast, geh mit mir in die Thermen!« Titus: »Das ist gut, Quintus, denn ich weiß, dass Jungen heute umsonst eintreten/dass die Jungen heute freien Eintritt haben.« Quintus: »Sehr gut! – Komm!«
Sie betreten die Thermen. Im Umkleideraum legen sie ihre Kleidungsstücke ab. Sie beauftragen einen Sklaven, ihre Kleidung(sstücke) gut zu bewachen. Zuerst gehen sie in die Sporthalle. Sie sehen, dass die Sporthalle voll von Männern ist – und sie hören es, denn das Geschrei verschiedener Stimmen füllt ihre Ohren/denn sie hören das Geschrei ...
Hier spielt eine Schar von Männern unter großem Geschrei Ball: Sie hören, dass/wie sich die Männer wegen des Spiels streiten. Dort schwingen junge Männer mit viel Gestöhne ihre mit Bleigewichten beschwerten Arme. Dort hören die Freunde, dass/wie ein Ballspieler die Bälle zählt. Überall sehen sie Verkäufer herumgehen und hören, dass/wie sie mit kreischender Stimme ihr Gebäck, ihre Würste und ihre Weine anpreisen.
Bald darauf flieht Quintus aus der Sporthalle und dem Lärm in das Caldarium. Er sieht, dass dort nur wenige Männer anwesend sind; er freut sich, dass überall Ruhe herrscht; das warme Wasser ist (ihm) sehr angenehm. Später kommt Titus; er erzählt, dass einige Freunde im Kaltwasserschwimmbecken schwämmen. Titus und Quintus sehen, dass die Freunde fröhlich sind; sie springen in das kalte Wasser, begrüßen ihre Freunde, schwimmen lange. Bis zum Abend schwitzen sie mal in der Sauna, mal schwimmen sie im Kaltwasserschwimmbecken, mal spielen sie mit ihren Freunden in der Sporthalle Ball.
Plötzlich sieht Quintus, dass M. Tullius mit anderen Senatoren die Thermen betritt. Er flieht in den Umkleideraum. Er nimmt schnell seine Kleidungsstücke. Er läuft nach Hause.

1
1. apodyterium – palaestra – caldarium – piscina – laconicum – piscina – palaestra – apodyterium
2. clamare – clamor vocum variarum – magno cum clamore – iurgare – multo cum gemitu – pilicrepum pilas numerare – stridula cum voce crustula, botulos, vina sua laudare
3. *hic – illic – illic – ubique* stehen betont am Satzanfang.

4. a) Der Lehrer scheint nur angeblich krank zu sein, sodass das schlechte Gewissen Quintus so eilig die Kleider zusammenraffen lässt.
   b) Kurze Sätze.
5. Die »normale« Badeanstalt heute beschränkt sich im Wesentlichen auf Schwimmbecken, die Thermen hingegen waren ein gesellschaftlicher Treffpunkt, wo man verschiedene Sportarten betreiben und sich in den Bädern entspannen konnte. Auch für die in Z. 28 genannten Senatoren waren sie ein beliebter Treffpunkt.
6. Eingang (1), Kleider ablegen im *apodyterium* (2) und sie zur Bewachung einem Sklaven anvertrauen, Ballspiele, Sport in der *palaestra* (3), Gang ins *tepidarium* (6), *frigidarium* (7) oder *caldarium* (5), Sprung ins Schwimmbecken, *piscina* (8), dann abwechselnd im *laconicum* (4) schwitzen, schwimmen in der *piscina* (8) und spielen in der *palaestra* (3), am Ende umkleiden im *apodyterium* (2).
7. Die Thermen waren allen gesellschaftlichen Schichten zugänglich.

2 Lokomotiven, die keinen aci ziehen können, sind: *Quintus intrat; adulescentes iactant; i mecum; Tiberius se exercet* – sie können kein Akkusativobjekt bei sich haben.
z.B.: Quintus videt viros iurgare. Scimus pueros puellasque thermas gratis intrare. Gaudent vos libenter pila ludere. Gaius audit adulescentes in Campo Martio ludere. Tiberius narrat te pigrum esse. Marcus scribit Quintum optime discere et legere.

3
1. Wir befehlen, dass Theophilus seine Schüler entlässt (...., dass die Schüler Theophilus entlassen).
2. Marcus erzählt, dass sein Bruder Quintus die Provinz verwaltet (..., dass die Provinz den Bruder Quintus verwaltet).
3. Marcus befiehlt, dass der Sklave das Essen bringt (..., dass das Essen den Sklaven bringt).
4. Wir wissen, dass Plinius das Volk mit viel Geld unterstützt (...., dass das Volk Plinius mit viel Geld unterstützt).

4 Iubeo Gnaeum arbores caedere/arbores Gnaeum caedere.

5 Das Orakel war doppeldeutig: Ich sage, dass du die Römer besiegen kannst, oder: Ich sage, dass die Römer dich besiegen können.

6
1. *Audimus Marcum servum ad fratrem mittere:* Wir hören, dass Marcus den Sklaven zum Bruder schickt.
2. *Marcia Clodium matellam de fenestra in viam mittere clamat:* Marcia ruft, dass Clodius den Nachttopf aus dem Fenster auf die Straße gießt.
3. *Lucius mercatores vina sua magna voce laudare audit:* Lucius hört, dass die Kaufleute ihre Weine mit lauter Stimme anpreisen.
4. *Legimus umbram Syrum terrere:* Wir lesen, dass der Schatten Syrus erschreckt.
5. *Legimus Syrum umbram timere:* Wir lesen, dass Syrus den Schatten fürchtet.

7 S: vesper, prima, aquam calidam esse, curia, viros pila ludere, labores, sermonem iucundum esse, virgines, finis, hortus, pecunia, silentium, sermo.
AObj: varios, prima, aquam calidam esse, viros pila ludere, labores, sermonem iucundum esse, virgines, silentium.
Attr: uxoris, varios, prima, finis.
aB: illic, usque ad vesperum, quinta hora, ubique, nocte, in lecto, maxime, postea, aqua, oratione.
P: pigri sunt, potest, curo, frigida est, ponunt, caeditis, laboras, administramus, tacetis.

8 1. *curia* (passt nicht zum Sachfeld »Thermen«); 2. *scribere* (passt nicht zum Sachfeld »Militärwesen«).

9 vestis – videre – vocare – exercere – vesper – numerare – filia – campus

10 1. campus Martius; 2. Theophilus; 3. materiam; 4. vina sua; 5. spectat

11

Fragen nach Satzgliedern	Satzglieder	Füllungsarten
Wer/Was tut/ist etwas?	Subjekt: S	Substantiv/Name Pronomen (steckt in der Endung des Prädikats) Infinitiv/*aci*
Was wird ausgesagt? Was tut er/sie?	Prädikat: P	Verb Hilfsverb + Substantiv Hilfsverb + Adjektiv
Auf welche Weise? Wie? Warum? Wann? Wie oft? Wo? Wovon? Woher? Womit? Wodurch? Mit wem?	adverbiale Bestimmung: aB	Adverb Substantiv mit Präposition Substantiv im Ablativ Personalpronomen
Wen? Was?	Akkusativobjekt: AObj	Substantiv Infinitiv/*aci* Personalpronomen
Was für ein?	Attribut: Attr	Adjektiv Substantiv

Lektion 9

Text 1 Wachdienst am Limes

Sibbaeus: Ist dir die Wache etwa lästig, Licaius?

Licaius: (vom Turm) Sie ist es/Ja, Sibbaeus. Ich vermisse mein Mainz. Dort ist das Leben angenehm! Hier schauen wir vom Turm aus Tag und Nacht auf Felder und Wälder, es passiert nichts.

Sibbaeus: Die Wache macht auch mich müde. Schließlich lösen uns (erst) gegen Abend andere bei der Wache ab. Aber morgen ist ein Festtag. Deshalb haben wir heute am Grenzwall Markt. Zur vierten Stunde des Tages kommen Soldaten und Frauen aus dem Dorf hierher. Die germanischen Kaufleute sind mit ihren Karren da, sie zeigen und verkaufen den Soldaten und Frauen viele Sachen.

Licaius: Das ist gut. Ich warte auf die vierte Stunde und auf die Germanen.

Später nähert sich eine Schar Germanen mit ihren Karren dem Grenzwall und den Toren des Limes. Auch die Soldaten und Frauen aus dem Soldatenlager und dem Dorf sind da.

Sibbaeus: Halt, ihr Germanen! Euch Germanen ist es nicht erlaubt, das römische Reich(sgebiet) zu betreten.

Der Germane Blussus: (lacht) Wovor fürchtest du dich, Römer? Wir sind euch nicht feindlich gesinnt. Da sind gute Gänse und andere gute Dinge. Schau! Gefallen sie dir denn nicht? – (Sibbaeus betrachtet die Gänse.)

Licaius: (ruft vom Turm) Hör (mal), Sibbaeus! Ich melde dir etwas Angenehmes: Ich sehe deine Rusufula mit deinem Söhnchen Iustinus kommen.

Sibbaeus: Sei gegrüßt, mein Iustinus! Sei gegrüßt, Rusufula! Sieh (nur)! Der Junge lacht. Ich glaube, die große Menschenmenge gefällt meinem Iustinus. – Hast du Geld (bei dir), Rusufula?

Rusufula: Ich habe kein Geld (mit), mein Sibbaeus.

Sibbaeus: Da ist ein Denar. Kauf eine große Gans! Denn an Festtagen essen wir immer gut. An einem Festtag werden wir auch Moselwein probieren.

Text 2 Eine unruhige Nachtwache

Sibbaeus hält mit einigen Soldaten Wache. Alle schauen vom Turm aus auf die Felder und den Wald. Plötzlich (sagt) Sibbaeus: »Hörst du das Geräusch, Licaius?« – Licaius hört nichts. Dann erscheint der Vollmond zwischen den Wolken. Der Mond ist für die Römer günstig, für die Räuber aber verderblich; denn die Soldaten sehen vom Turm aus, dass Männer über die Pfahlreihe steigen.

Licaius: »Sind die Männer Germanen, Sibbaeus?« Sibbaeus: »Ich glaube es jedenfalls, dass die Männer Räuber sind.« Sibbaeus befiehlt Licaius, Fackeln anzuzünden. Sibbaeus sieht, dass auch auf den nächstgelegenen Türmen die Soldaten Fackeln anzünden und Zeichen zum Soldatenlager hin geben. Bald darauf sind die Soldaten aus dem Kastell zur Stelle. Sibbaeus befiehlt den Soldaten, den Räubern eine Falle zu stellen.

So machen sie es und überfallen die mit ihrer Beute zurückkehrenden Männer. Die Räuber lassen die Beute zurück, die einen steigen über die Pfahlreihe, die anderen fliehen, wieder andere nehmen die Soldaten gefangen. Sibbaeus: »Führt die Räuber zum Präfekten! Den Räubern wird es übel ergehen.«

1
1. Sibbaeus und Licaius unterhalten sich in aller Ruhe. Licaius beschwert sich darüber, dass nichts passiert (Z. 5), es ist die Rede von einem Markt (Z. 8), von germanischen Händlern, die zum Markt kommen und dort ihre Sachen verkaufen (Z. 9–11), die Germanen kommen mit ihren Wagen (Z. 13–14), die Germanen bieten Gänse und anderes zum Verkauf an (Z. 19–20), die Frau des Sibbaeus kommt mit ihrem kleinen Söhnchen (Z. 21–29).
   Der Wachtdienst wird von Licaius und Sibbaeus als langweilig empfunden, Licaius sehnt sich nach »seinem« Mainz. Sibbaeus hat sich mit einer einheimischen Frau verheiratet und hat einen kleinen Sohn.
2. Die Namen zeigen, dass die Soldaten aus der einheimischen Bevölkerung rekrutiert wurden.
3. Man lebte über lange Zeit friedlich zusammen, trieb Handel, verheiratete sich und wohnte dann im *vicus*.

2
1. *Subito* (Z. 5).
2. Zunächst werden die Wahrnehmungen als Germanenüberfall (Licaius, Z. 12), dann als Raubüberfall (Sibbaeus Z. 14) gedeutet.
3. Sie zünden Fackeln an (Z. 15/16), die auf den anderen Türmen sofort bemerkt werden, wo ebenfalls Fackeln angezündet werden; es werden Signale zum Kastell gesandt, bald kommen Soldaten (Z. 16–20), man legt den Räubern einen Hinterhalt (Z. 21–22). Sibbaeus gibt mehrfach Befehle.
4. Das perfekte Signalsystem und die schnelle Reaktion helfen die Situation rasch zu bewältigen.
5. z.B. *male latronibus evenit.*

3 Unverbundene, kurze Hauptsätze werden aneinander gereiht, ebenso betonen die Anaphern *alii, alii, alios* die Konfusion und Hektik, die bei den Räubern entsteht.

4
1. parva porta – parvae portae – parvis portis – parva porta – parvae portae – parvis portis – parvae portae – parvas portas – parvam portam
2. latro saevus – latrone saevo – latronem saevum – latroni saevo – latronis saevi – latronum saevorum – latronibus saevis – latrones saevos – latronibus saevis – latronum saevorum – latrones saevi – latro saevus
3. res obscura – res obscurae – res obscuras – rebus obscuris – rebus obscuris – rei obscurae – rei obscurae – re obscura

5 villa (2), vinum (2), res (3), latrones (2), mulieribus (2), ancillae (3), verba (2), diebus (2), uxore (1), diei (2), nos (2), vobis (2), pigri (3), amica (6), fatigato (4), fratres (2)

6 1. *res:* Nom. Pl.; *mulieribus:* Dat. Pl. Viele Dinge der Germanen gefallen den Soldaten und Frauen.
2. *Sibbaeo:* Dat. Sg.; *vinum bonum:* Nom. Sg. Am Festtag hat Sibbaeus immer guten Wein.
3. *nos milites:* Nom. Pl.; *diebus festis:* Abl. Pl. Wir römischen Soldaten wachen auch an Festtagen auf unserem Posten.
4. *clamore:* Abl. Sg.; *milites:* Nom. Pl.; *latrones:* Akk. Pl. Mit Geschrei erschrecken die Soldaten die Räuber.
5. *praeda:* Nom. Sg. Die Räuber haben keine große Beute.
6. *verba:* Nom. Pl.; *Sibbaei:* Gen. Sg. Die Worte des Sibbaeus erfreuen die Soldaten nicht immer.
7. *hora:* Abl. Sg.; *milites:* Nom. Pl. Schon zur ersten Stunde müssen die Soldaten auf ihrem Posten sein.

7 res – rei – rei – rem – re – res – rerum – rebus – res – rebus
dies – diei – diei – diem – die – dies – dierum – diebus – dies – diebus
miles – militis – militi – militem – milite – milites – militum – militibus – milites – militibus
puer laetus – pueri laeti – puero laeto – puerum laetum – puero laeto – pueri laeti – puerorum laetorum – pueris laetis – pueros laetos – pueris laetis
via angusta – viae angustae – viae angustae – viam angustam – via angusta – viae angustae – viarum angustarum – viis angustis – vias angustas – viis angustis
forum latum – fori lati – foro lato – forum latum – foro lato – fora lata – fororum latorum – foris latis – fora lata – foris latis

8 1. Der Wachdienst ist lästig. 2. Wir haben kein Geld. 3. Den Soldaten bringt der Schlaf Verderben, wenn sie auf Wache sind. 4. Die germanischen Kaufleute haben viele Dinge. 5. Ist der Wein gut? Er ist, er ist!! 6. Die Kastelle und der Grenzwall bringen dem römischen Reich Rettung. 7. Die Gesundheit des Zosimus liegt Plinius am Herzen.

9 1. Z. 9–11: Mercatores Germani … vendunt. 2. Z. 6–7: Ad vesperum … 3. Z. 27/28: Nam diebus …

10 Z. 10–11: ... nam milites e turri *viros* palos *transcendere* vident.
Z. 13–14: Ego quidem ... *viros latrones esse* puto.
Z. 15–16: Sibbaeus *Licaium* faces *accendere* iubet.
Z. 17–19: ... Sibbaeus *milites* faces *accendere* et signa ... dare videt.
Z. 20–22: Sibbaeus *milites* latronibus insidias *parare* iubet.

Lektion 10

Text 1 Gladiatorenkämpfe

Lucius: Seid gegrüßt, Sextus und Aulus! Wohin geht ihr?
Sextus: Sei gegrüßt, Lucius! Wir gehen ins Amphitheater. Komm mit uns. Heute geben die Ädile einen Gladiatorenkampf.
Lucius: Ein Gladiatorenkampf gefällt mir sehr, aber es tut mir leid, ich habe keine Zeit.
Deswegen gehen Sextus und Aulus ohne Lucius ins Amphitheater.
Im Amphitheater sind schon viele Leute, sie lachen, schreien. Denn die Römer lieben die Gladiatorenkämpfe sehr.
Zuerst kämpft ein Gladiator mit einem Löwen. Vorsichtig nähert sich der Mann dem Löwen. – Das wilde Tier weicht zurück, dann brüllt es voller Zorn. Plötzlich greift es den Mann an, verwundet, tötet ihn. Die Menge freut sich. Sklaven ziehen den zerfleischten Körper aus der Arena.
Dann betreten zwei Gladiatoren die Arena. Der Netzkämpfer ist mit Netz und Dreizack, der Thraker mit einem Schwert bewaffnet. Der Netzkämpfer beginnt damit, den Thraker ins Netz einzuwickeln. Aber der Thraker befreit sich und trifft den Netzkämpfer mit seinem Schwert. Sextus und Aulus sehen viel Blut aus den Wunden fließen.
Dennoch ist die Menge nicht zufrieden: »Greif an! Greift an! Töte! Tötet! – Warum seid ihr so ängstlich? – Warum geht ihr nicht gerne in den Tod?«
Die Gladiatoren kämpfen lange. – Schließlich tötet der Netzkämpfer den Thraker. Die Menge freut sich sehr, immer wieder ruft sie den Netzkämpfer beim Namen – und fordert neue Kämpfe.
Aulus: Ich gehe. Leb wohl, Sextus!
Sextus: Warum gehst du weg?
Aulus: Ein so großes Abschlachten verabscheue ich.
Sextus: Du bist dumm. Weißt du denn nicht, dass die Gladiatoren schlechte Menschen sind?
Es sind Räuber, Verbrecher, Mörder. Sie haben den Tod verdient.
O, was für Zeiten, o, was für Sitten!

Text 2 Alypius und die Gladiatorenkämpfe

Einige Freunde laden Alypius immer wieder ein: »Komm mit uns ins Amphitheater und schau dir einen Gladiatorenkampf an!« Aber Alypius verabscheut Grausamkeit und Mord. Die Freunde führen Alypius zu den Kämpfen; dennoch denkt er bei sich: »Auch wenn sie meinen Körper ins Amphitheater schleppen, meinen Geist und meine Augen können sie nicht in die Kämpfe führen.«
Schließlich betreten sie das Amphitheater. Alypius schließt die Augen, seine Ohren kann er nicht verschließen: Plötzlich dringt das Geschrei des Volkes durch Alypius'

Ohren. Alypius öffnet die Augen, sieht das Blut eines Gladiators. Plötzlich kann er sich von der Grausamkeit der Kämpfe nicht mehr lösen. Schließlich schreit er mit der Menge, fordert das Blutbad.
Am folgenden Tag kehrt er nicht nur mit seinen Freunden zurück, sondern zieht sogar andere mit sich (dorthin).

1
1. Kampf Gladiator – Tier; Kampf Gladiator mit Helm, Schild, Arm- und Beinschienen gegen Gladiator mit Netz und Dreizack.
2. Z. 13: Signalwort: *Subito*; drei Prädikate, *adit, vulnerat, occidit*, Asyndeton und Klimax verdeutlichen die Dramatik des Geschehens.
3. Man geht gerne in das Amphitheater (Z. 9 *valde amant*), das Volk freut sich, als der Löwe den Kämpfer tötet (Z. 14 *gaudet*), steigert sich in einen Blutrausch hinein, ist unzufrieden, wenn nicht genug Blut fließt (Z. 21 *contenta non est*), freut sich anschließend über den Tod des Thrakers und fordert weitere Kämpfe (Z. 26–27 *gaudet, novas pugnas postulat*); stilistische Besonderheiten, z.B. *adsunt, rident, clamant* (Z. 8; Asyndeton); *tam timidi* (Z. 22; Alliteration); *latrones, scelesti, parricidae* (Z. 33; Klimax).
4. z.B. Aulus: Selbst wenn sie den Tod verdient hätten, müssen sie nicht so grausam hingerichtet werden. Andere Menschen sollen sich nicht an ihrem Leiden ergötzen; sie verrohen, wenn sie solche Grausamkeiten ansehen. Außerdem widerspricht die Todesstrafe einem humanen Menschenbild usw.
5. Es gibt viele Möglichkeiten.
6. Das Mosaik S. 73 stellt den Kampf zwischen Thraker und Retiarier dar, S. 76 zwischen Gladiatoren und Bär. Die Leute bewunderten die Gladiatorenkämpfer, Kritik an den Spielen wurde kaum geäußert.

2
1. Z. 4: Die *crudelitas* schreckt Alypius von den Spielen ab; Z. 11: Die *crudelitas* hat Alypius in ihren Bann gezogen, er kann sich nicht mehr von ihr abwenden.
2. Die Gladiatorenspiele haben Alypius »besiegt«; er ist ihrer Faszination erlegen.

3
1. Sextus et Aulus in amphitheatrum eunt. 2. Aediles munus gladiatorium dant. 3. Turba clamat: »Adi! Adite! Occide! Occidite – Cur tam timidi estis? – Cur non libenter mortem obitis?« 4. Turba gaudet; nam retiarius Thracem occidit. 5. Sextus gladiatores homines malos, latrones, scelestos, parricidas esse dicit.

4

rerum	dominorum	villarum	munerum	hominum	nominum
res	dominos	villas	munera	homines	nomina
rebus	dominis	villis	muneribus	hominibus	nominibus
rebus	dominis	(in) villis	muneribus	hominibus	nominibus
res	domini	villae	munera	homines	nomina
rei	domino	villae	muneri	homini	nomini

res	dominus	villa	munus	homo	nomen
rem	dominum	villam	munus	hominem	nomen

5

eunt	itis	eo	imus	ite	is	it	i
iubent	iubetis	iubeo	iubemus	iubete	iubes	iubet	iube
dormiunt	dormitis	dormio	dormimus	dormite	dormis	dormit	dormi
curant	curatis	curo	curamus	curate	curas	curat	cura
muniunt	munitis	munio	munimus	munite	munis	munit	muni
legunt	legitis	lego	legimus	legite	legis	legit	lege
vident	videtis	video	videmus	videte	vides	videt	vide
dant	datis	do	damus	date	das	dat	da

6

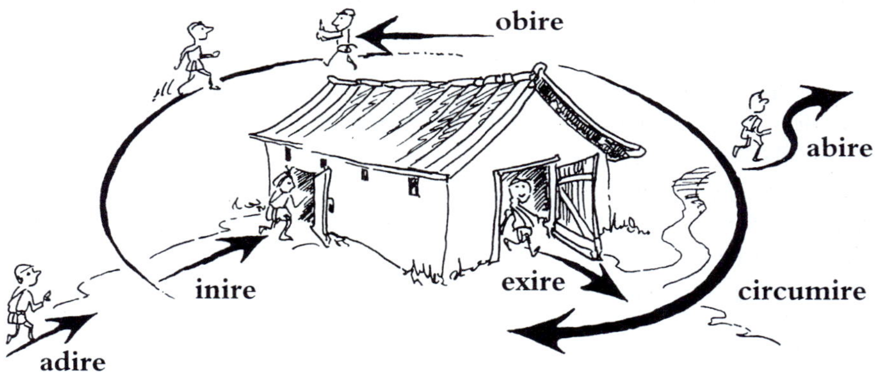

7 campum latum – mercatoribus Graecis – arbores magnas – fratri misero – vulnus malum – re dubia – urbis parvae – virorum doctorum – nomine tuo

8 *porta:* Nom. und Abl. Sg. von *porta, ae* f.: die Tür
pugna: Nom. und Abl. Sg. von *pugna, ae* f.: der Kampf; Imp. Sg. von *pugnare:* kämpfen
labora: Imp. Sg. von *laborare*: arbeiten
corpora: Nom. und Akk. Pl. von *corpus, oris* n.: der Körper
vina: Nom. und Akk. Pl. von *vinum, i* n.: der Wein
da: Imp. Sg. von *dare:* geben
tempora: Nom. und Akk. Pl. von *tempus, oris* n.: die Zeit
cena: Nom. und Abl. Sg. von *cena, ae* f.: das Essen; Imperativ Sg. von *cenare:* essen
a: Präposition beim Abl.: von
mea: Nom. und Abl. Sg. f. und Nom. und Akk. Pl. n. von *meus:* mein.

9 *I!:* Geh!

Lektion 11

Text 1 Ein Familienkrimi

In alten Zeiten war Numitor der König von Alba Longa, einer Stadt der Latiner. Aber sein Bruder Amulius trieb Numitor in die Verbannung. Er tötete die Söhne des Bruders; er befahl der Tochter namens Rea Silvia, eine Priesterin der Vesta zu werden. So nämlich hinderte er die Frau daran zu heiraten. Trotzdem wurde Rea Silvia wenig später Mutter der Zwillinge Romulus und Remus. Sie sagte, der Gott Mars sei der Vater der Jungen.
Weil Amulius sie als künftige Rächer seiner Verbrechen fürchtete, befahl er einem Sklaven, die Jungen in das Wasser des Tibers zu werfen. Doch eine große Wölfin fand die Jungen am Ufer des Tibers und nährte sie. Später rettete der Hirte Faustulus die Zwillinge. Er trug die Jungen nach Hause und zog sie zusammen mit seiner Frau Larentia auf.

Text 2 Numitor erzählt

Einst führten meine Sklaven einen jungen Mann zu mir und sagten: »Dieser junge Mann ist mit anderen Bewaffneten in deine Ländereien eingedrungen, Herr. Wir haben ihn mit einigen anderen gefangen genommen.« Ich fragte: »Warum bist du in meine Ländereien eingedrungen? Ist es wahr, dass ihr mit meinen Sklaven gekämpft habt?« – Jener: »Wir sind dir, Numitor, nicht feindlich gesinnt; deine Sklaven irren sich; denn ich und mein Zwillingsbruder kämpfen niemals mit deinen Sklaven, sondern immer nur mit Räubern.« Ich betrachtete den tapferen jungen Mann, geriet ins Staunen, verglich das Alter, fragte: »Hast du gesagt, dass ihr Zwillingsbrüder seid?« Ich erkundigte mich nach dem Vater und der Mutter der Zwillinge. Plötzlich drang ein anderer junger Mann mit bewaffneten Männern in das Haus ein. Sie machten mir große Angst; aber jener rief mit lauter Stimme. »Sei gegrüßt, König Numitor! Sei gegrüßt, Großvater! Ich bin Romulus und hier siehst du Remus, meinen Zwillingsbruder. Ich habe geglaubt, Remus sei in Gefahr. Deshalb bin ich da.«

Text 3 Eine Stadtgründung unter schlechten Vorzeichen

Wenig später wollten die Brüder einen neue Stadt gründen. Doch sofort erhob sich ein Streit: Wer wird Herr und König der Stadt sein? Romulus: »Wir wollen die Sache mithilfe der Vogelschau entscheiden, Remus! Wir wollen die Vögel beobachten, ich mit meinen Freunden auf dem Palatin, du mit deiner Schar auf dem Aventin! Wer mehr Vögel sieht, wird König sein!«
Dem Remus zeigten sich sechs Vögel. Deshalb riefen die Freunde des Remus: »Nun haben die Götter die Sache entschieden: Sei gegrüßt, König Remus!« Doch wenig später eilte Romulus mit seiner Schar herbei: »Mir sind zwölf Vögel erschienen. Ich bin König!« Daraufhin stritten die Brüder und die Freunde der Brüder mit Worten und mit Waffen. Schließlich tötete Romulus seinen Bruder. Romulus gründete die neue Stadt und nannte sie Rom.

1 1.

Numitor = König von Alba Longa – (Bruder) Amulius (schickt Numitor ins Exil)

Numitor → Rea Silvia + Mars → Romulus – Remus wurden von Faustulus und Larentia erzogen. Romulus tötet seinen Bruder.

Amulius → befiehlt, Romulus und Remus in den Tiber zu werfen.

2. Sachfeld »Gewalt«: *expellere, necare, prohibere, ultor, scelus, in aquam mittere, armatus, invadere, capere, pugnare, infestus, latro, timor, periculum, arma, certare, pugna.*
3. z.B. Text 1: Aussetzung und glückliche Rettung der Kinder; Text 2: Wiedersehen mit dem Großvater; Text 3: Tödlicher Streit um die Stadtgründung.
4. Die unverbundene Reihung der Verben (=Asyndeton) zeigt die Dramatik des Geschehens.

2 1.

Person Singular	Person Plural	Infinitiv Perfekt
1. interrogavi, spectavi, stupui, comparavi; putavi	1. cepimus	pugnavisse
2. invasisti, dixisti	2. —	—
3. fuit, expulit, necavit, iussit, prohibuit, dixit, timuit, invenit, nutrivit, servavit, portavit, educavit, invasit, clamavit, advolavit, condidit, appellavit	3. duxerunt, dixerunt, compleverunt, cupiverunt, apparuerunt, clamaverunt, disceptaverunt, certaverunt	—

2. In Text 1 und 3 wird eine Geschichte von außen erzählt; in Text 2 erzählt Numitor selbst, indem er das Gespräch zwischen ihm und Romulus und Remus wiedergibt.
3. Das Vorkommen des Inf. Perf. weist auf einen aci hin.

3 v-Perf.: interrogavi, spectavi, comparavi, putavi, pugnavisse, necavit, nutrivit, servavit, portavit, educavit, clamavit, advolavit, appellavit, compleverunt, cupiverunt, clamaverunt, disceptaverunt, certaverunt
u-Perf.: stupui, prohibuit, timuit, apparuerunt
s-Perf.: invasisti, dixisti, iussit, dixit, invasit, duxerunt, dixerunt
In diese drei Kategorien nicht einzuordnen: *fuit; expulit; invenit; cepimus; condidit.*

4 a) putavi – narravisti – complevit – equitavimus – scivistis – audiverunt – amavisse
b) debui – docuisti – doluit – prohibuimus – placuistis – habuerunt – licuisse
c) invasi – dixisti – iussit – misimus – duxistis – iusserunt – dixisse

5

Lokomotiven	Waggons
Text 1	
iussit	*filiam nomine Ream Silviam sacerdotem Vestae esse.*
dixit	*patrem puerorum Martem deum esse.*
iussit	*servum pueros in aquam Tiberis mittere.*
Text 2	
Estne verum	*vos cum servis meis pugnavisse?*
dixisti	*vosne fratres geminos esse?*
putavi	*Remum in periculo esse.*

6

1. a) Ich befehle, dass ihr mich besucht. b) Ich freue mich, dass/wenn ich euch besuche. c) Wir befehlen, dass ihr uns besucht. d) Ich befehle, dass du mich besuchst. e) Ich freue mich, dass/wenn wir euch besuchen. f) Ich freue mich, dass/wenn ich dich besuche. g) Ich befehle, dass du uns besuchst.
2. a) z.B.: Te me amare scio. Vos me amare scio. Me te amare scio. b) Me te adiuvare gaudes. Te me adiuvare gaudes. Me vos adiuvare gaudes. Nos vos adiuvare gaudes. Vos nos adiuvare gaudes. Te nos adiuvare gaudes.

Lektion 12

Einst und jetzt

Quintus sagt:	
Jetzt trainiere ich auf dem Marsfeld.	Früher schlug ich mit meinen Freunden den Reifen.
... gefallen mir die jungen Mädchen.	... verabscheute ich die Mädchen.
... weiß ich viele Dinge.	... wusste ich nichts.
... bin ich ein junger Mann.	... war ich ein dummer Junge.
Tullia erzählt:	
Jetzt besuche ich oft Lucius.	Früher blieb ich immer zu Hause.
... gehen wir mit Freunden/Freundinnen auf dem Marktplatz spazieren.	... gingen wir nur mit einer Sklavin oder einem Sklaven durch die Straßen der Stadt.
... arbeite ich im Haus und helfe der Mutter.	... spielte ich im Haus und im Garten.
... ist mir das Leben manchmal beschwerlich.	... hat mir das Leben oft gefallen.
Der Lehrer:	
Rom ist eine große Stadt.	Rom war lange klein.
Jetzt wohnen viele Leute in der Stadt.	Einst wohnten viele auf dem Land.
He, Quintus und Marcus!	

Warum hört ihr nicht auf die Worte des Lehrers?

Früher wart ihr gute Schüler; ihr habt gut gelernt, gut gelesen, gut geschrieben, gut zugehört.

Aber heute ...

Quintus denkt:

Und du, Theophilus, warum kritisierst du uns immer,

warum hast du uns immer kritisiert, obwohl wir gut gelernt, gut gelesen, gut zugehört haben?

Warum bist du niemals zufrieden?

1. An der Silbe *-ba-* lässt sich eine Imperfektform erkennen.
2. a) *-m, -s, -t, -mus, -tis, -nt*; Unterschied zum Präsens: 1. Person *-m* statt *-o*.
   b) amabam, amabas, amabat, amabamus, amabatis, amabant; timebam, timebas, timebat, timebamus, timebatis, timebant; legebam, legebas, legebat, legebamus, legebatis, legebant; sciebam, sciebas, sciebat, sciebamus, sciebatis, sciebant; eram, eras, erat, eramus, eratis, erant
3. Die rechte Spalte beschreibt alte Gewohnheiten, Zustände, immer wiederkehrende Handlungen.

Text 1 Die Hochzeit von Peleus und Thetis

Peleus feierte mit der Göttin Thetis Hochzeit. Fast alle Götter und Göttinnen waren anwesend. Nur die Göttin Discordia war von Iuppiter nicht eingeladen worden, die anderen nämlich mochten diese Göttin nicht, weil sie immer die Harmonie und den Frieden störte.

Die Götter aßen, tranken Wein, hatten frohe Gespräche, sangen mit lauter Stimme, als plötzlich Discordia eintrat, einen goldenen Apfel mitten unter die Götter warf, und sofort wieder verschwand. Die Götter und Göttinnen betrachteten den Apfel; auf ihm war FÜR DIE SCHÖNSTE eingraviert.

Sofort sagten Iuno, die Frau Iuppiters, und Minerva, die Tochter Iuppiters, und Venus, die Göttin der Liebe: »Ich bin die Schönste!«

Iuppiter versuchte den Streit zu schlichten: »Alle Göttinnen sind schön; alle sind sogar sehr schön.«

Aber die Göttinnen hörten nicht, immer wieder riefen sie: »Ich bin die Schönste!«

Schließlich sagte Iuppiter entnervt: »Paris ist der schönste Mann der Welt. Deshalb soll er Schiedsrichter sein!«

Text 2 Paris erzählt

Ich saß auf einem nahe bei Troja gelegenen Hügel, ich schaute auf die Felder, ich dachte an nichts, als plötzlich Merkur, der Götterbote, mit drei schönen Göttinnen erschien.

Merkur sagte: »Sei gegrüßt, Paris! Iuppiter hat mich geschickt. Denn Juno, Minerva und Venus haben einen Streit: Welche Göttin ist die schönste? Wir Götter konnten den Streit nicht schlichten, daher sind wir zu dir gekommen. Du sollst Schiedsrichter sein!« Und er gab mir einen goldenen Apfel, den ich der schönsten Göttin geben sollte.
Ich schwieg, ich betrachtete die Göttinnen. Alle waren schön, alle gefielen mir. Aber ich zögerte: Warum haben sich die Götter an mich gewandt, den Hirten Paris? Wollen sie mich etwa verspotten?
Plötzlich sagte Juno, Iuppiters Frau: »Liebst du denn nicht die Macht? Träumst du, ein Hirte, etwa nicht davon, König zu sein? Gib mir den Apfel, Paris, und die Herrschaft über die Welt wird dir gehören!«
Und Minerva, die Göttin des Krieges, sagte: »König sein ist beschwerlich; als König musst du dich immer vor Feinden fürchten. Gib den Apfel mir, mein Paris, und in allen Kriegen und Gefahren wird der Sieg immer dir gehören! Du wirst ewigen Ruhm besitzen.«
Ich überlegte: Ich habe sowohl die Macht als auch den Sieg als auch den Ruhm sehr gern. Aber was gefällt mir mehr?
Da sagte Venus: »Herrschaft, Sieg und Ruhm werden dich nicht glücklich, sondern einsam machen. Deshalb hör zu, liebster Paris: Gib den Apfel mir. Ich bin die Göttin der Liebe. Ich, die schönste Göttin, verspreche dem schönsten Mann der Welt die schönste Frau der Welt.«
Sofort gab ich Venus den goldenen Apfel.

1
1. Die Götter sind beim Schmausen anlässlich der Hochzeit des Peleus und der Thetis; sie essen, trinken und singen.
2. Die Göttin Discordia tritt plötzlich ein.
3. Perfekt steht bei der Darstellung von einmaligen Vorgängen in der Vergangenheit, Imperfekt bezeichnet dagegen die Dauer, Wiederholung oder den Versuch.

2 Dauer: *faciebat, aderant, amabant, cenabant, bibebant, habebant, cantabant, audiebant, sedebam, spectabam, cogitabam, poteramus, tacebam, erant, placebant, dubitabam, amabam, placebat*
Wiederholung: *turbabat, clamabant, spectabam, cogitabam*
Versuch: *disceptabat*

3 Verschiedene Lösungen sind möglich.

4 Personen: Merkur, drei Göttinnen (Iuno, Minerva, Venus), Paris.
Zuerst spricht Merkur zu Paris (Z. 5–9), dann Iuno zu Paris (Z. 15–17), dann Minerva zu Paris (Z. 18–21), am Ende Venus zu Paris (Z. 24–28).
Situationsschilderung : Z. 2–3 (bis *cogitabam*); Z.11–14; Z. 22–23.
Ereignis: Z. 3–4 *cum ... apparuit*; Z. 9–10; Z. 15; Z. 29.

5 Die Götter verhalten sich wie Menschen; sie feiern, essen, trinken, streiten und sind sehr eitel. Sie haben die Möglichkeit, Menschen Macht, Stärke und Liebe zu geben. In der christlichen Religion gibt es nur einen Gott; er ist gut, ohne die menschlichen Fehler.

6 Iuno: Rhetorische Fragen (Z. 15–16), Anapher (*nonne – nonne*). Sie spricht von oben herab zu Paris und setzt voraus, dass der arme Hirte von Aufstieg und Macht träumt. Minerva argumentiert schon etwas verbindlicher: Zur Macht gehört kriegerische Kraft, die bekommst du von mir. Venus kennt den jungen Mann besser, sie schmeichelt ihm und bietet, was nur sie allein versprechen kann: Helena. Alle drei argumentieren mit Steigerung und Pointe am Schluss: *regnum orbis – gloria aeterna – mulierem orbis terrarum pulcherrimam.*

7 turbavimus – cenabant – cantabas – dixisti – reliquistis – abibat – coepi – apparebant – erat – iussit – prohibebamus – debebatis – amabant

8
1. *puer;* der Lehrer hat als Junge viele Dummheiten begangen, aber jetzt tadelt er die Jungen.
2. *laeti, miseri;* die Römer haben fröhlich den Krieg begonnen, sind aber erbärmlich/unglücklich nach Hause zurückgekehrt.
3. *docti;* die Schüler kommen nicht immer gelehrt aus der Schule.
4. *beatos;* ein glücklicher Mensch kann andere glücklich machen.
5. *senatori, miles;* Cicero genoss als Senator großen Ruhm, als Soldat aber konnte er die Feinde nicht erschrecken.

9
1. *Nemo solus satis sapit:* Keiner ist für sich allein weise genug.
2. *solus* ist das entscheidende Wort: Jeder braucht den anderen, um wirkliche Weisheit zu erlangen.

Lektion 13

Helena grüßt Paris

Du hast geschrieben, dass du mich liebst. Du hast geschrieben, dass du deine Liebe nicht mehr verbergen kannst. Du willst mich heimlich treffen, mich sogar von Sparta nach Troja entführen. O, du Elender! Du wagst es, die Treue des Frau des Menelaus herauszufordern! Fürchtest du denn nicht den Zorn des Königs der Spartaner? Dieser freilich hat dich als Gast aufgenommen, hat dir sein Reich gezeigt und alles erklärt. Du hast mit ihm und seiner Frau gegessen, du hast ihre Gastfreundschaft genossen. Jetzt hat Menelaus Sparta aus geschäftlichen Gründen verlassen und sofort hast du Treuloser vor, ihn zu hintergehen? Schämst du dich denn nicht deiner Treulosigkeit?

Du hast geschrieben, ich sei die schönste Frau der Welt. Glaubst du etwa, schöne Frauen seien leichtfertig? Meinst du etwa, sie seien treulos und schamlos? O, ich Arme! Dennoch bin ich (dir) nicht böse. Wer nämlich zürnt denen, die lieben – wenn die Liebe echt ist? Aber ich glaube nicht, dass deine Liebe echt ist. Die Liebe von Gästen ist niemals verlässlich.
Du hast mir mein künftiges Leben beschrieben: Troja sei eine große und reiche Stadt; das Leben sei angenehm, frei von Sorgen, glücklich. Die Männer versprechen immer das Blaue vom Himmel, aber sie haben ein schlechtes Gedächtnis, oft sind ihre Worte leer. Doch glaube mir: Ich mache mir weder etwas aus Reichtum noch aus einem glücklichen Leben, obwohl das Leben in Sparta oft hart ist. Wenn ich mit dir nach Troja ginge, würde ich es tun, weil du mir gefällst: Du bist schön. O, ich Arme! O, du Armer! Warum konntest du nicht früher nach Sparta kommen?
Ich kann dich noch nicht heimlich treffen, aber vielleicht ...
Ich habe dir den Brief durch meine Sklavin Aethra geschickt; wenn du antworten willst, übergib ihr deinen Brief. Ihre Treue ist verlässlich.

1 Die Briefform ist erkennbar an der Formel »... *salutem dicit*« und an der Bezugnahme auf einen vorliegenden Brief »*scripsisti*« (Z. 2, 3, 15). Viele Verbformen der 1. und 2. Pers. Sg.; Personalpronomina der 1. und 2. Pers. Sg.

2 1. Im ersten Abschnitt zeigt sich Helena konventionell, reserviert, geradezu entrüstet und rügt Paris' Verhalten, das dem Sittenkodex zuwiderläuft: *nonne te pudet* ... (Z. 14)? Mit dem Zitat aus Venus' Rede beim Parisurteil (L. 12) *mulierem orbis terrarum pulcherrimam* (Z. 15) kommt der erste Riss in ihre betont korrekte Haltung: Ihr *o me miseram* entspricht dem *o te miserum* in Z. 6. Ihr halbes Zugeständnis *quis enim eis, qui amant, suscenset*? (Z. 20) wird zwar noch einmal abgewertet durch Zweifel an der Aufrichtigkeit des Werbers, doch dann kommt der Einbruch, wenn auch zunächst nur im hypothetischen Irrealis formuliert: *si tecum Troiam irem,* ... (Z. 33) dann täte ich es, weil du mir gefällst. Wären wir uns doch früher begegnet! Z. 35/36 verbindet bereits das Paar, bezeichnender Weise unter dem Adjektiv *miser*.
2. Zunächst weist sie Paris' Anliegen als unanständig ab, dann lässt sie sich doch von ihren Gefühlen leiten und lässt Paris den Brief zukommen.
3. Sie ist bis über beide Ohren verliebt, sonst würde sie nicht diesen Brief schreiben, in dem sie am Ende zunehmend Paris Hoffnung macht und ihm vorwirft, dass er nicht früher gekommen ist.

3 Venus hat dich mir versprochen; du bist ja selbst verliebt; dass ich nur Gast war, ist kein Grund, an der Aufrichtigkeit meiner Gefühle zu zweifeln usw.

4 Der Text zeigt, wie Helena sich immer mehr in Paris verliebt, wie sie immer stärker in die Macht der Venus gerät. Ebenso wie im Text sind Helena und Paris im Bild noch räumlich voneinander getrennt vorzustellen, und doch hat Venus (hier Aphrodite) ihr Versprechen gehalten: sie hat Helena schon »im Griff«, ihr Sohn Eros braucht Paris (hier Alexandros, wie bei Homer) nicht lange zu überreden.

5 1. Anapher: *te, te* (Z. 1–2), *me, me* (Z. 4); *num, num* (Z. 16–17); Ausrufe (Z. 6, 7, 18, 35, 36), rhetorische Fragen (Z. 8, 13, 14, 16, 17, 20–21, 37), Asyndeta (Z. 11, 26).
2. Anaphern: Betonung der Anrede (*te, te; me, me*) soll die Ungeheuerlichkeit des Ansinnens hervorheben; *num, num* betont den Vorwurf, Paris halte Helena für ein »leichtes Mädchen«. Die Ausrufe sind Ausdruck der aufgewühlten Gefühle. Die rhetorischen Fragen an Paris betonen zunächst die Vorwürfe, dann werden diese teilweise zurückgenommen, indem Helena fragt: »Wer kann schon Verliebten zürnen?«, indem sie also die Frage nicht mehr an Paris, sondern allgemein formuliert. Die Asyndeta heben den Vorwurf, Paris sei Gast und verletze zugleich das Gastrecht (antithetisch, Z. 11) hervor und malen das schöne Leben, das Paris verspricht, aus (Z. 26).

6 Z. 9: Menelaus; Z. 11 Menelao, Menelai, Menelai et uxoris; Z. 13 Menelaum; Z. 17 feminas pulchras; Z. 28/29 viris, virorum; Z. 40 Aethrae ancillae; Z. 41 Aethrae ancillae.

7 1. *sua; eius:* Plinius ist in seinem Landhaus; sein Freigelassener ist krank.
2. *suas:* In den Thermen befehlen Quintus und Titus dem Sklaven, ihre Kleider zu bewachen.
3. *suos; eorum:* Quintus trifft seine Freunde auf dem Marsfeld. Ihre Spiele machen Publius keinen Spaß.
4. *suos; eius:* Der Lehrer Theophilus schlägt seine Schüler mit einem Stock; seine Schüler schreien.
5. *earum:* Alle Göttinnen sind schön; aber Paris muss ihren Streit schlichten.
6. *suum; eius; suam:* Marcus schreibt an Titus Pomponius Atticus, seinen Freund. Syrus, sein Sklave, muss den Brief zu Pomponius bringen. Syrus sieht seinen Schatten hinter sich und hat Angst.

8

Fragen nach Satzgliedern	Satzglieder	Füllungsarten
Wer/Was tut/ist etwas?	Subjekt: S	Substantiv/Name Pronomen (steckt in der Endung des Prädikats) Infinitiv/aci
Was wird ausgesagt? Was tut er/sie?	Prädikat: P	Verb Hilfsverb + Substantiv Hilfsverb + Adjektiv

Auf welche Weise? Wie? Warum? Wann? Wie oft? Wo? Wovon? Woher? Womit? Wodurch? Mit wem?	adverbiale Bestimmung: aB	Adverb Substantiv mit Präposition Substantiv im Ablativ Personalpronomen, *Pronomina*
Wen? Was?	Akkusativobjekt: AObj	Substantiv Infinitiv/aci Personalpronomen *Pronomina*
Was für ein?	Attribut: Attr	Adjektiv Substantiv *Pronomina*

9 Westen: Paris/Trier; Norden: Mainz; Osten: Regensburg; Süden: Kaiseraugst – etwa bei Offenburg, der Kreuzung der großen Heeresstraße zwischen Basel und Mainz und der kleineren Straße über den Schwarzwald.

Lektion 14

Früher und noch früher

Paris gab den goldenen Apfel der Venus, obwohl Iuno und Minerva ihm Macht und Ruhm versprochen hatten.
Die Griechen waren zornig, weil Paris Helena nach Troia entführt hatte.

1. Die Hauptsätze stehen im Imperfekt, die Gliedsätze im Plusquamperfekt.
2. Das Geschehen im Gliedsatz liegt zeitlich vor demjenigen im Hauptsatz.
3. Die Formen des Plusquamperfekt setzen sich aus dem Perfektstamm und dem Imperfekt von *esse* zusammen.

Im Bauch des Pferdes

Idomeneus: Hört! Die Trojaner singen! – Wir haben sie getäuscht. Die List ist wohl gelungen. Sie singen, lärmen, feiern ihren »Sieg«.

Odysseus: Sei still! Du verrätst uns mit deiner lauten Stimme! Noch haben wir nicht gesiegt!

Idomeneus: *(leise)* Dürfen wir uns denn nicht freuen? Ich meine, wir sind jetzt auf dem Marktplatz von Troja. – Aber du hast ja Recht; wir müssen vorsichtig sein. Wir waren in großer Gefahr. Oh, diese Cassandra!

Menelaus: Cassandra!! Die Trojaner zogen das Pferd in die Stadt, obwohl Cassandra immer wieder gefordert hatte: »Werft das Pferd ins Meer, werft es ins Meer!« Da habe ich dich gehasst, Odysseus! – Du mit deiner Schlauheit! Ich wünschte, ich hätte dich nie gesehen.

Odysseus: Hat meine List sich denn nicht durchgesetzt? Aber ihr, vor allem euer Achilles, ihr habt nur im Kopf, mit Waffen und Körperkraft zu kämpfen.

Idomeneus: Achilles ist tot, hör' auf, über ihn zu lästern, Frevler!

Menelaus: Hört auf herumzustreiten. Noch hat Sino das Zeichen nicht gegeben, noch haben wir Troja nicht erobert …

Odysseus: Wir werden Troja erobern. Die Trojaner sind dumm, dass sie Sino geglaubt haben. Er hat ihnen nämlich erzählt, dass wir Griechen Troja verlassen und das Pferd der Göttin Minerva geschenkt hätten. Er fügte sogar hinzu: »Zieht das der Minerva geweihte Pferd in eure Stadt!« Hat er sie nicht bestens getäuscht?

Idomeneus: Den Sino habe ich wohl gehört, — aber wieso haben die Trojaner uns nicht gehört? Haben sie denn keine List befürchtet? Sie hörten nicht auf, das Pferd in die Stadt zu ziehen, obwohl wir unterwegs mit einem Riesenlärm unserer Waffen übereinander gefallen waren und vor Schmerzen gestöhnt hatten …

Odysseus: Die Götter haben uns geholfen! Aber … ich höre jemanden kommen, still!

Helena: *(kommt und klopft an das Pferd)* Mein liebster Menelaus …

Menelaus: Hel… *(Odysseus hält ihm mit der Hand den Mund zu)*

Helena: Hörst du mich denn nicht, mein lieber Menelaus? Komm mit mir! Lass uns nach Sparta, unserem Zuhause, zurückkehren! Habe ich nicht genug Tod und Schmerz den Griechen und den Trojanern bereitet? Hört auf zu kämpfen! Denn ich bin bereit, nach Hause zurückzukehren. Paris hat mich mit List geraubt; oft habe ich es bereut, dass ich mit ihm nach Troja fortgegangen bin. – Warum antwortest du nicht?

Menelaus: Hmmm…

Helena: Willst du mich etwa allein in Troja zurücklassen? – Oh, ich Ärmste! *(geht weg)*

Odysseus: Da! Sino hat das Zeichen gegeben! Macht die Tür am Pferd auf! Kommt, steigt aus! Das ist Trojas letzter Tag!

1 1. a) Ursache des trojanischen Krieges:
Helena fordert Menelaus auf, mit ihr nach Sparta heimzufahren: *Spartam, domum nostram redeamus!* (Z. 34–35) Helena erzählt, dass Paris sie geraubt hat: *Paris me dolo rapuit.* Sie ging mit nach Troja: *cum eo Troiam abieram* (Z. 37–38).
b) Belagerung Trojas:
Trojanisches Pferd als List des Odysseus: *dolus* (Z. 13), *prudentia tua* (Z. 11–12); Warnung der Cassandra: *»Equum in mare iacite …!«* (Z. 10); Achill als großer Kämpfer; ist bereits gefallen: *armis et robore corporis pugnare; mortuus est* (Z. 13–17).
c) Zerstörung Trojas:
Man wartet auf Sinos Zeichen: *Sino signum dedit* (Z. 43); Sino erzählte die Lüge, die Griechen hätten Troja verlassen und hätten das Pferd der Minerva geweiht: *Troiam*

reliquisse, equum Minervae deae dono dedisse (Z. 21–22), fordert die Trojaner auf, das Pferd in die Stadt zu ziehen: *trahite equum ... in urbem vestram* (Z. 23–24). Odysseus kündigt den letzten Tag Trojas an: *is dies Troiae ultimus est* (Z. 44).
Weitere Geschichten wären z.B.: Helenas »Schuld«, ihr Raub, der Kampf vor Troja, der Tod Achills, die List des Odysseus.
2. Odysseus ist der »Chef«, mahnt zur Ruhe und Vorsicht, kämpft mehr mit List als mit Körperkraft, scheut sich nicht, den toten Achill zu kritisieren, behält einen kühlen Kopf.
Die Eigenschaften zeigen sich auch bei den Abenteuern: z.B. überlistet er die Circe und den Zyklopen.
3. Helena lehnt zunächst Paris' Werben ab, ist ihm aber dann immer mehr zugeneigt (L. 13). In L. 14 ist davon die Rede, dass Paris sie mit List geraubt hat, zugleich sagt sie aber auch, sie sei mit ihm weggegangen: *cum eo Troiam abieram* (Z. 38); nun will sie mit Menelaus, den sie im Bauch des Pferdes vermutet, nach Hause zurück (Z. 34–35). Sie zeigt sich als unsicher und wankelmütig.
4. Idomeneus ist übermütig, weil er glaubt, dass die Griechen getäuscht sind. Stilistische Mittel: Ausrufe (Z. 2), Asyndeta (Z. 3), kurze Sätze (Z. 2–3).

2 1. *dolebam,* 2 ist vorzeitig zu 1; 2. *amabat,* gleichzeitig; 3. *debuit,* 2 ist vorzeitig zu 1. 4. *potuit;* 1 ist vorzeitig zu 2.

3

decipimus	decipiebamus	decepimus	deceperamus
cantant	cantabant	cantaverunt	cantaverant
licet	licebat	licuit	licuerat
sumus	eramus	fuimus	fueramus
vincit	vincebat	vicit	vicerat
credimus	credebamus	credidimus	credideramus
trahunt	trahebant	traxerunt	traxerant
audio	audiebam	audivi	audiveram
initis	inibatis	inistis	inieratis
descendis	descendebas	descendisti	descenderas

4 1. Gaudere licet. 2. Bene eos decepisti. 3. Te non solam relinquimus. 4. a) Audivimus. oder b) Non audivimus. 5. Te audio, Helena.

5 1. aB (Mittel und Werkzeug, instrumental) 2. AObj 3. aB (Begleitung, comitativ) 4. aB (Gegengrund, konzessiv) 5. AObj 6. aB (Mittel und Werkzeug, instrumental/Art und Weise, modal)

6 *cum:* Zeit, *quod*: Grund, *si:* Bedingung, *quamquam:* Gegengrund, *ubi:* Ort

7 1. Warnungen, auf die keiner hört. 2. Gemeint ist ein Geschenk wie das hölzerne Pferd, also ein sehr gefährliches Geschenk.

8 1. Paris, 2. Minerva, 3. Helena, 4. Prudentia, 5. Cassandra, 6. Discordia

Lektion 15

Aeneas und Dido

Die Griechen hatten Troja erobert und angezündet. Aeneas, der Sohn des Trojaners Anchises und der Göttin Venus, floh, sobald er gesehen hatte, dass die Stadt brannte, mit seinem Vater Anchises, seinem Sohn Julus und mit wenigen Gefährten aus Troja. Die Götter aber hatten beschlossen, den Trojanern in Italien eine neue Heimat zu geben. Nachdem Aeneas und seine Gefährten lange Irrfahrten und viele Gefahren mit großer Tapferkeit überwunden hatten, näherten sie sich endlich der Küste Italiens. Schon hatten sie das Ende ihrer Irrfahrten vor Augen, schon freuten sie sich, als sich plötzlich ein großer Sturm erhob und viele Schiffe zerstörte.
Mit Mühe lenkten die Trojaner ihre Schiffe nach Afrika, wo die Königin Dido herrschte. Diese nahm die schiffbrüchigen Trojaner sehr freundlich auf. Nachdem sie erfahren hatte, dass Troja zerstört worden war, sagte sie: »Ich habe, meine lieben Gäste, begonnen, eine neue Stadt zu bauen. Wenn Carthago, die neue Stadt, euch gefällt, könnt ihr bei uns in Afrika bleiben.«
Die Trojaner lebten eine Zeit lang in Carthago und waren mit ihrer neuen Heimat sehr zufrieden. Dido liebte Aeneas; Aeneas liebte Dido. Sie kümmerten sich um die neue Stadt, sie waren froh und glücklich.
Doch eines Tages kam Merkur, der Götterbote, zu Aeneas: »Die Götter sind erzürnt, Aeneas! Warum bleibst du so lange in Afrika? Warum hast du nicht dein neues Vaterland in Italien gesucht, wie die Götter befohlen hatten? Oder weißt du etwa wirklich nicht, dass Iuppiter deinem Stamm die Herrschaft über Italien – ja sogar die Herrschaft über den Erdkreis – versprochen hat? Verlasse Carthago, verlasse Dido!«
Obwohl Aeneas darüber traurig war, dass es ihm nicht erlaubt war, in Carthago zu bleiben, gehorchte er dennoch und verließ Afrika. Nicht einmal Dido hatte ihn zurückhalten können.
Nachdem Dido bemerkt hatte, dass die Trojaner in See gestochen waren, rief sie mit lauter Stimme: »Habe ich denn nicht dich und die Deinen, Aeneas, sehr freundlich aufgenommen, als ihr als Schiffbrüchige an unserer Küste gestrandet wart? Habt ihr nicht meine Gastfreundschaft genossen? Hast du mir nicht immer wieder gesagt, dass du mich liebst? Habe ich dich nicht von Herzen geliebt? Warum, du Treuloser, hast du mich verlassen? Undankbar und falsch bist du!«

Dann nahm Dido sich das Leben. Die Trojaner jedoch fanden ihre neue Heimat in Italien.

1
1. *Graeci:* haben Troja erobert und in Brand gesteckt.
   Aeneas: ist der Sohn des Trojaners Anchises und der Venus; er floh mit seinem Vater und dem Sohn Iulus und kommt nach Karthago.
   Troiani: kommen nach Afrika, wo Dido regiert, verlassen später Afrika, um nach Italien zu fahren.
   Dido: nimmt die schiffbrüchigen Karthager auf, liebt Aeneas und er sie; tötet sich am Ende selbst.
   Mercurius: ist der Götterbote, kommt zu Aeneas.
   Reiseroute: Troja – Nähe Italien – Afrika: Karthago – Italien.
2. Z. 4, *ubi primum:* Troja brennt, Aeneas flieht
   Z. 11, *cum subito:* Ein plötzliches Unwetter
   Z. 24, *Aliquando:* Merkur greift plötzlich in das Geschehen ein, nachdem die Trojaner sich in Karthago eingelebt hatten: *adiit* (Perfekt, zuvor Imperfekt)
3. Z. 1–9: Flucht aus dem brennenden Troja und Fahrt in Richtung Italien
   Z. 10–19: Schiffbruch und freundliche Aufnahme in Karthago
   Z. 20–23: Leben in Kathago
   Z. 24–31: Merkur mahnt zum Aufbruch
   Z. 32–35: Aeneas verlässt Dido
   Z. 36–46: Didos Vorwürfe und Selbstmord
   Z. 47: Neue Heimat in Italien
4. Der Beschluss der Götter muss umgesetzt werden; deshalb wird Merkur geschickt, der Aeneas vorwirft, dass er dem Befehl der Götter nicht gehorcht (Z. 25–30). Aeneas muss ihm gehorchen, obwohl er Dido nicht verlassen will (Z. 32–35). Dido nimmt sich das Leben, die Trojaner kommen nach Italien, wie von den Göttern beschlossen (Z. 46–47).
5. Ausruf (Z. 25), rhetorische Fragen (Z. 24–30), Anaphern (*cur, cur,* Z. 26/27 und *relinque, relinque,* Z. 31).
6. Gesichtspunkte: Der Beschluss der Götter ist unabänderlich, sie haben also auch Didos Tod »einkalkuliert«. Die Verantwortung des Aeneas: Hätte er sich dem Beschluss der Götter widersetzen können; besaß er dazu die Freiheit?
7. Die Abbildung S. 107 zeigt das Bild der Antike, das man sich im Übergang von der Renaissance zum Barock machte. Geradezu auffällig sind im Vordergrund rechts die Ruinen, die man wohl, ebenso wie den funktionslosen Torbogen, als selbstverständliche Beigabe der »Antike« ansah. Auch ein eher zu einer mittelalterlichen Stadtbefestigung passender Turm scheint die Authentizität des Bildes nicht zu stören. Frauen in vornehmer Kleidung des 16. Jahrhunderts, zeitlos uniformierte Krieger und weite ideale Landschaften entsprechen dem Geschmack der Renaissance. Didos Karthago ist nicht »im Bau begriffen« und deswegen erst halbfertig, wie es die Sagensituation verlangen sollte; es erscheint vielmehr schon wieder halb verfallen.

2

Z.	Einleitende Konjunktion	Syntaktische Funktion	Semantische Funktion
4	*ubi primum*	aB	Zeit
7	*postquam*	aB	Zeit
11	*cum subito*	aB	Zeit
14	*ubi*	Attr	Ort
16	*postquam*	aB	Zeit
18	*si*	aB	Bedingung
28	*ut*	aB	Vergleich
32	*quamquam*	aB	Gegengrund
33	*quod*	aB	Grund
36	*postquam*	aB	Zeit
39	*cum*	aB	Zeit

3

Fragen nach Satzgliedern	Satzglieder	Füllungsarten
Wer/Was tut/ist etwas?	Subjekt: S	Substantiv/Name Pronomen (steckt in der Endung des Prädikats) Infinitiv/aci
Was wird ausgesagt? Was tut er/sie?	Prädikat: P	Verb Hilfsverb + Substantiv Hilfsverb + Adjektiv
Auf welche Weise? Wie? Warum? Wann? Wie oft? Wo? Wovon? Woher? Womit? Wodurch? Mit wem?	adverbiale Bestimmung: aB	Adverb Substantiv mit Präposition Substantiv im Ablativ Personalpronomen Pronomina *Gliedsatz*
Wen? Was?	Akkusativobjekt: AObj	Substantiv Infinitiv/aci Personalpronomen Pronomina
Was für ein?	Attribut: Attr	Adjektiv Substantiv Pronomina *Attributsatz*

4 1. *quod:* Weil die Trojaner glauben, dass die Griechen nach Hause zurückgekehrt sind, feiern sie den »Sieg«.
2. *quod:* Weil die Trojaner sangen und grölten, sagte Odysseus, seine List habe gesiegt.
3. *postquam; ubi primum:* Die Griechen verließen das Pferd, nachdem/sobald Sino das Zeichen gegeben hatte.
4. *quamquam:* Die Trojaner öffneten das Stadttor für das Pferd, obwohl Cassandra gefordert hatte: »Werft das Pferd ins Meer!«
5. *cum (subito):* Die Griechen saßen lange Zeit im Pferd, als plötzlich Helena kam.
6. *ut:* Wie Vergil erzählt, verließ Aeneas Troja mit seinem Vater und seinem Sohn.
7. *quamquam:* Obwohl Helena Paris liebt, kann sie ihn nicht treffen.
8. *quod:* Paris liebt Helena, weil sie die schönste Frau ist.

5 *gaudere, contentus, amare, laetus beatusque, iratus, maestus;* ferner z.B.: *libenter, timidus, timere, fatigatus, miser, saevus, molestus, iucundus, desiderare, dolere, ira, abhorrere, amor, enervatus, dubitare, sollicitare, pudere, suscensere, odium, metuere, dolor, gemere*

6 1. unvorsichtig, unwürdig, ungelehrt, feindlich, schwach, fromm, Dummheit, dankbar
2. Verwalter, Bauer, Käufer, Leser, Verräter, Räuber, Zuschauer
3. *trahere* (»Schlepper«); *colligere* (Sonnen»sammler«), *docere* (»Lehrer«), *facere* (»Macher«, »Bewirker«), *invadere* (»Eindringling«)

Lektion 16

Text 1 Eine böse Verletzung des Gastrechts

Die Stadt Rom war von Romulus mit einer starken Mauer befestigt worden. Bald wurden auch andere von Romulus in die neue Stadt gerufen. Viele kamen, weil in der Stadt sowohl für Freie wie für Sklaven, ja sogar für gerichtlich Verfolgte, von Romulus ein Asyl eröffnet worden war.
Schon wuchs die Stadt, aber aus Mangel an Frauen hatte das neue Volk keine Aussicht auf Überleben. Denn die Nachbarvölker verweigerten das Recht auf Heirat, obwohl Romulus sie oft darum bat.
Daher griff Romulus zu einer List: Er lud die Nachbarn zu Reiterfestspielen, die Neptun geweiht waren, ein. Aus dem Sabinervolk kamen viele mit Kindern und Frauen nach Rom und wurden, nachdem sie von den Römern begrüßt worden waren, durch die neue Stadt geführt.
Als die Zeit der Spiele gekommen war und alle zum Zuschauen zusammengekommen waren, wurde von Romulus ein Zeichen gegeben: Von den römischen Männern wurden die jungen Frauen der Sabiner geraubt.
Voller Zorn flohen die Sabiner nach Hause und rüsteten zum Krieg gegen die Römer.

Text 2 Wird das gut ausgehen?

Romulus befahl, dass die Sabinerinnen nach römischem Recht geheiratet wurden, und kümmerte sich auch darum. Die Römer bereiteten ihren Ehefrauen ein angenehmes Leben. So ließ der Zorn der Sabinerinnen und die Sehnsucht nach ihren Eltern allmählich nach. Aber immer wieder wurden die Sabiner von den Eltern der (geraubten) sabinischen Frauen zum Krieg angetrieben.
Schließlich wurden die beiden Heere in Rom zwischen dem Palatinshügel und dem Kapitol aufgestellt. Während die Römer mit den Sabinern kämpften, sagte eine der Sabinerinnen, jetzt römische Ehefrau, zu anderen sabinischen Frauen:

> »Ich bin sehr erschreckt von diesem sinnlosen Krieg. Werdet denn nicht auch ihr von Sorgen gequält? Es stimmt zwar, dass wir geraubt wurden, aber wir werden von unseren Männern geliebt. Ich werde beunruhigt sowohl von der Sehnsucht nach meinen Eltern wie von Liebe zu meinem Mann. Dieses Morden, dieser Krieg muss von uns Frauen beendet werden!«

Die Angst wurde überwunden, die Frauen wagten es, mitten zwischen die bewaffneten Männer zu laufen. Getrennt wurden die Heere, getrennt wurden ihre Waffen, getrennt wurde ihre Wut. Die Frauen wandten sich einerseits an ihre Väter, andererseits an ihre Männer; einige hoben sogar ihre neugeborenen Kinder hoch und schrieen:

> »Wenn ihr etwas gegen unsere Heirat habt, Väter, so richtet den Zorn gegen uns! Denn wir sind die Ursache des Krieges! Wenn es dir, Vater, zu Herzen ging, dass deine Tochter geraubt wurde, lässt du dich denn nun nicht erweichen durch die Tränen deines Enkelkindes, nicht erweichen durch die Tränen einer Mutter?«

Und die wütende Schar ließ sich durch die Worte der Frauen beeindrucken. Der Kampf wurde beendet.
Später schlossen die Römer und Sabiner nicht nur Frieden, sondern vereinigten sich sogar zu einem einzigen Staat.

1

1. *a Romulo muro firma munita; mox alii vocati sunt; multi venerunt; asylum; crescebat; penuria mulierum*: Von Romulus mit einer festen Mauer umgeben; dann wurden andere eingeladen, viele kamen in das Asyl; Rom wuchs, aber es gab einen Mangel an Frauen.
2. *mox*: die Entwicklung verläuft schnell; *iam – sed:* schnelles Wachstum, der Frauenmangel verhindert aber eine gute Zukunft; *nam:* Begründung für Mangel.
3. Zuvor wird die Situation beschrieben, ab Z. 9 folgen Ereignisse.
4. Die Täter und die Opfer werden betont an die Spitze bzw. das Ende gestellt, dazwischen die ungeheuerliche Tat.

2

1. iustum matrimonium, vita iucunda, terreor vano bello, amamur a maritis, desiderio parentum, amore mariti

2. a) Z. 16: Sie verhindert den Kampf. b) Anapher: *dirimuntur, dirimuntur, dirimuntur;* Asyndeton.
3. z.B.: Gründung Roms, evtl. auch als Asyl, Auseinandersetzungen mit den sabinischen Nachbarn, schnelles Wachstum der Stadt. Der Raub der Frauen ist wohl eher eine Sage.

3 Satz 1: Maßnahmen des Romulus im Perfekt; dann werden Zustände geschildert; als es dramatisch wird, wechselt der Erzähler ins Präsens, um dem Leser die Ereignisse zu vergegenwärtigen.

4

Präsens	Imperfekt	Perfekt	Plusquamperfekt	Inf. Präs. Pass.	Inf. Perf. Pass.
munitur	*muniebatur*	*munita est*	*munita erat*	*muniri*	*munitam esse*
vocantur	*vocabantur*	*vocati sunt*	*vocati erant*	*vocari*	*vocatos esse*
aperitur	*aperiebatur*	*apertum est*	*apertum erat*	*aperiri*	*apertum esse*
salutantur	*salutabantur*	*salutati sunt*	*salutati erant*	*salutari*	*salutatos esse*
ducuntur	*ducebantur*	*ducti sunt*	*ducti erant*	*duci*	*ductos esse*
datur	*dabatur*	*datum est*	*datum erat*	*dari*	*datum esse*
rapiuntur	*rapiebantur*	*raptae sunt*	*raptae erant*	*rapi*	*raptas esse*

5
- mit deutschem Passiv, Anapher wird wiedergegeben (»nicht«).
- *movebaris* mit Aktiv übersetzt, *moveris* mit »lassen«, Anapher wird beibehalten.
- *movebaris* mit »lassen«, *rapta erat* mit »man«, *moveris*: im Aktiv; die Anapher mit »gewiss«, die rhetorische Frage durch eine Aussage.

6
1. Der Kampf wird beendet; man beendet den Kampf; der Kampf endet.
2. Der Krieg muss von den Frauen beendet werden; die Frauen müssen den Krieg beenden.
3. Der Krieg wurde nicht beendet; der Krieg ließ sich nicht beenden; man beendete den Krieg nicht; der Krieg endete nicht.
4. Die Sabiner wurden von den Eltern zum Krieg angetrieben; die Eltern trieben die Sabiner zum Krieg; die Sabiner ließen sich von den Eltern zum Krieg antreiben.
5. Die Menge wird von den Worten der Frauen bewegt; die Menge lässt sich von den Worten der Frauen bewegen; die Worte der Frauen bewegen die Menge.
6. Mein Herz wird beunruhigt. Ich rege mich auf. Ich lasse mich aufregen.

7
1. *urbem Romam – munitam esse:* Livius erzählt, dass die Stadt Rom von Romulus durch eine starke Mauer gesichert wurde.

2. *alios vocatos esse:* Livius erzählt, dass bald auch andere in den neuen Staat gerufen wurden.
3. *multos homines – venisse:* Livius erzählt, dass viele Menschen gekommen seien.
4. *asylum – apertum esse:* Livius erzählt, dass das Asyl sowohl für Freie als auch für Sklaven von Romulus geöffnet worden war.
5. *civitatem Romanam magnam – fuisse, spem – fuisse:* Livius erzählt, dass der römische Staat bald groß war, dass aber aufgrund des Mangels an Frauen keine Hoffnung auf dauerhafte Existenz bestanden habe.
6. *Romulum – petivisse – negatum esse:* Livius erzählt, dass Romulus die Nachbarn oft um die Heirat gebeten habe, dass aber diese verweigert worden sei.

8

Hauptsatz	Gliedsatz 1. Ordnung
Multi venerunt,	*quod in urbe et liberis et servis, quin etiam in ius vocatis, asylum a Romulo apertum erat.*
Nam finitimi conubium, *negabant.*	*quamquam Romulus id saepe petebat,*
Multi e populo Sabinorum cum liberis atque uxoribus Romam convenerunt et, *per novam urbem ducti sunt.*	*postquam a Romanis salutati sunt,*
signum a Romulo datum est.	*Ubi ludorum tempus venit et cuncti ad spectaculum convenerunt,*
una e Sabinis, nunc uxor Romana, aliis mulieribus Sabinis ... inquit:	*Dum Romani cum Sabinis pugnant,*
parentes, in nos vertite iras.	*Si conubii piget,*

Lektion 17

Sage oder Wirklichkeit?

Die Stadt Rom wuchs allmählich, nachdem sie von Romulus mit einer starken Mauer befestigt worden war. Bald kamen auch viele andere, da sie von Romulus gerufen wurden, in die neue Stadt. Aber es waren nur Männer gekommen; obwohl Frauen von Romulus oft eingeladen worden waren, weigerten sie sich, nach Rom zu kommen.
Schließlich griff Romulus zu einer List, da er vom Frauenmangel dazu gezwungen wurde. Sabinische Nachbarn kamen auf Einladung der Römer mit Kindern und Frauen nach Rom zu Festspielen; sie wurden von den Römern begrüßt und durch die Stadt geführt. Sobald die Zeit der Spiele gekommen war, warteten die Römer auf das vereinbarte Zeichen. Dann wurden die sabinischen Frauen von den römischen Männern geraubt.

Ein unerbittlicher Gläubiger

Lucius: *(kommt herein)* Camilla! Ich habe den Ochsen auf dem Markt verkauft.
Camilla: *(erschrocken)* Bist du verrückt? Wie sollen wir denn den Acker pflügen?
Lucius: Das weiß ich nicht. – Aber ich muss Aulus das Geld zurückzahlen. Aus Furcht vor Aulus habe ich den Ochsen verkauft. Oder willst du lieber, dass Aulus mich verhaftet und vor Gericht bringt? Wer kann mich von den Fußketten befreien, wenn ich vor Gericht stehe?
Camilla: *(zornig)* Der Patrizier Aulus ist ein schlechter Mensch. Die Patrizier richten uns zu Grunde.
Lucius: Nicht nur die Patrizier, sondern auch der Krieg richtet uns zu Grunde.
Camilla: Da hast du Recht. Dieser Krieg ist die Ursache unseres Elends. Waren wir nicht glücklich gewesen? Aber plötzlich war Krieg. Du warst Soldat, ich, mit den Kindern zu Hause allein gelassen, arbeitete den ganzen Tag; allein pflügte ich den Acker mit dem Ochsen; ich glaubte, allein ohne deine Hilfe unseren Hof erhalten zu können. Aber dann hat das Unwetter alles zerstört. *(weint)*
Lucius: Obwohl mein Leben in großer Gefahr gewesen war, obwohl dieser Krieg nicht von den Reitern, sondern von Fußsoldaten, von uns, glücklich zu Ende geführt worden war, wurden wir im Vaterland, das doch von uns errettet worden war, nicht gut empfangen. – An Getreide, nicht an Ruhm, fehlt es uns.
Camilla: Und nun …
Aulus: *(tritt plötzlich ein)* Guten Tag! Habt ihr das Geld, das ich euch geliehen habe?
(Lucius gibt ihm Geld)
Aulus: Gibst du mir etwa nur einen Teil des Geldes?

Lucius: Alles, was ich habe, habe ich dir gegeben. Demnächst werde ich dir den Rest geben.

Aulus: *(schreit)* Demnächst? – Meine Nachsicht ist am Ende. Morgen werde ich dich vor Gericht bringen! *(geht fort)*
(Lucius verlässt das Haus)

Camilla: *(ruft)* Wo gehst du hin, Lucius?

Lucius: Ich gehe zu deinem Vater. Nicht freiwillig, sondern von unserer Not und von der Hartherzigkeit des Aulus gezwungen werde ich deinen Vater um Hilfe bitten. Ich weiß, dass er mich nicht leiden mag. Aber vielleicht wird er uns um deinetwillen helfen.

1
1. timore (Z. 5), manum inicere et in ius ducere (Z. 6), miseriae nostrae (Z. 12), sola domi relicta (Z. 14), totum diem laborabam (Z. 15), frumentum deest (Z. 21–22), miseria nostra (Z. 34/35).
2. Grausamkeit der Patrizier, Krieg, Unwetter, Undankbarkeit des Vaterlandes.
3. Verhaftung des Vaters, Versklavung.
4. Es gibt viele Möglichkeiten.

2
1. Sachfeld »Landleben«: *bovem vendere, agrum arare, tempestas, frumentum, laborare*
2. manum inicere, in ius ducere, a compedibus vindicare, pecunia muta data

3
1. a) Lucius verkaufte den Ochsen, weil er Aulus fürchtete. – Kausalsatz
b) Lucius verkaufte aus Furcht vor Aulus den Ochsen. – Partizip
c) Lucius verkaufte den Ochsen; denn er fürchtete Aulus. – Hauptsatz, mit kausaler Konjunktion eingeleitet
2. a) In der Heimat wurden wir nicht gut aufgenommen, obwohl sie von uns gerettet wurde. – konzessiver Gliedsatz
b) Die Heimat wurde von uns gerettet. Dennoch wurden wir nicht gut aufgenommen. – Hauptsatz mit konzessiver Konjunktion
c) In der Heimat, die von uns gerettet worden war, wurden wir nicht gut aufgenommen. – Partizip
3. a) Nachdem die Stadt Rom von einer sicheren Mauer geschützt worden war, wuchs sie allmählich. – Partizip
b) Die Stadt Rom ist von einer sicheren Mauer geschützt worden; dann wuchs sie allmählich. – Hauptsatz mit temporaler Konjunktion
c) Die Stadt Rom wuchs allmählich, nachdem sie von einer sicheren Mauer geschützt worden war. – temporaler Gliedsatz

4
1. b) postquam, c) tum, 2. b) quod, c) itaque, 3. b) quamquam, c) tamen

5
In Aufgabe 3, 1. b) Aus Furcht vor Aulus ...; 2. c) – ; 3. a) Nach Befestigung der Stadt Rom durch eine sichere Mauer ...

In Aufgabe 4, 1. a) Nach Begrüßung durch die Römer ...; 2. a) – ; 3. a) Trotz seiner Liebe zu Helena antwortete Menelaus ...

6

Hauptsatz	Gliedsatz 1. Ordnung
in patria a nobis servata nos non bene accepti sumus.	*Quamquam vita mea magno in periculo fuerat, quamquam id bellum non ab equitibus, sed a peditibus, a nobis, feliciter finitum erat,*

Anapher: *quamquam, quamquam*; Antithese: *non ab equitibus, sed a peditibus*. Mehrfach werden Pronomina der 1. Pers.Pl. (*a nobis, a nobis, nos*) verwendet: Dies zeigt den großen Einsatz der Bauern für den Staat, dem der Undank der Heimat gegenübergestellt wird.

7 Ira Iovis commotus Aeneas Carthaginem reliquit.
Ira incensi Sabini bellum paraverunt.
Amore inflammata Helena Menelaum vocabat.
Miseria coactus Lucius a patre Camillae pecuniam petivit.
Odio incitatus Amulius filios fratris necavit.
Spe pacis incitati Troiani victoriam celebrant.

8 totus – sponte – manus – negare – iustitia – minor – movere – exilium – socius – socius – ignorare – parere – falsus.

Lektion 18

Ein so junger Heerführer?

Die Senatoren verzweifelten nicht, sondern sie beschlossen, einen neuen Heerführer nach Spanien zu schicken. Deswegen wurde eine Versammlung einberufen, in der das Volk einen Mann wählen sollte, der eines so wichtigen Oberbefehls würdig wäre. Die durch den Tod der beiden Scipionen erschreckte Bürgerschaft kam traurig auf dem Marsfeld zusammen. Lange wartete man auf Namen von Kandidaten. Aber keiner der führenden Leute traute sich zu, dieses gefährliche Kommando zu erstreben, als plötzlich P. Cornelius Scipio, der vierundzwanzigjährige Sohn des Publius, der in Spanien gefallen war, sagte, er wolle sich um das Amt bewerben.
Nach dem Schweigen, das seinen Worten folgte, konnte man verschiedene Stimmen der Bürger hören, die diese Sache diskutierten.
Calvus: Publius Cornelius, dem ihr dieses Kommando anvertrauen wollt, ist noch

viel zu jung. Wir müssen einen Mann wählen, mit dem unsere Soldaten alle Gefahren, die uns drohen, überwinden können.

Lucius: Sicher ist Scipio noch jung, aber er entstammt dem Stamm der Cornelier, dem Stamm, dessen gute und tüchtige Männer den römischen Staat schon aus vielen Gefahren errettet haben.

Calvus: Sprichst du etwa vom Stamm der Cornelier? Hast du denn nicht gehört, dass diese Scipionen, die schon so lange unseren Staat wie Alleinherrscher kommandieren, ihr Leben nach griechischer Sitte führen und Freundschaften mit gewissen »Griechlein« halten? Oder glaubst du etwa, dass diese Männer die Sitten der Vorfahren, auf denen die Stärke Roms beruht, bewahren können? Ich habe kein Zutrauen zu diesen Menschen, deren Sitten den unseren fremd sind.

Lucius: Die Künste und die Wissenschaft anderer Völker, auch die der Griechen, zu kennen, ist immer nützlich. Ich jedenfalls habe Vertrauen zum Stamm der Cornelier. Diese Cornelier haben dem Staat nicht nur Siege eingebracht, die ihnen Ehre bereiten, sondern auch Ruhm, den auch du schätzst, Calvus.

Calvus: Aber die Scipionen haben in Spanien große Niederlagen erlitten und wurden getötet, Lucius.

Lucius: Wer ein gefährliches Kommando erstrebt, obwohl Vater und Onkel gefallen sind, zeigt echte römische Tapferkeit. Dass der junge Publius Cornelius bald die Niederlagen, die wir jetzt beklagen, durch seine Tapferkeit wieder gutmachen wird, weiß ich. Die Götter begünstigen das römische Volk. Publius Cornelius wird Carthago besiegen.

1 1.

Für *(pro)*	Gegen *(contra)*
e gente Cornelia ortus ex ea gente, cuius viri boni et strenui rem Romanam multis iam e periculis servaverunt artes ... cognoscere prodest Cornelii ... victorias et gloriam paraverunt vera virtus Romana dei favent	admodum iuvenis Scipiones, qui ... civitati nostrae ut domini imperant Graeco more vitam agere, amicitiasque cum Graeculis quibusdam colere mores maiorum (non) servare mores alieni a nostris Scipiones clades acceperunt

2. Die Herkunft wird von Calvus negativ bewertet, weil die Scipionen mit Griechen engen Kontakt hatten, also sich von römischer Lebensweise abwandten, von Lucius wird die Abstammung von den Scipionen positiv bewertet; sie sind ein berühmtes Geschlecht. Die Tatsache, dass sowohl der Vater als auch der Onkel im Kampf gefallen sind, zeigt den Mut des jungen Scipio.
3. *More Graeco vitam agere* bedeutete, sich mit griechischer Wissenschaft und Literatur (insbesondere der Philosophie) zu beschäftigen und Freunde aus diesen Kreisen

zu haben. Calvus steht für den »guten alten« Römer, der Soldat oder Bauer ist und von Literatur und Philosophie nicht viel hält.

4. z.B. Lucius: Wiederaufnahme von *gente: e gente Cornelia, ex ea gente* (Z. 17–18): betont die Herkunft.
   Calvus: Rhetorische Fragen Z. 20–24 sollen Lucius davon überzeugen, dass gerade diese Herkunft nicht positiv zu sehen ist.

2 Z. 3: comitia, in quibus; Z. 8: eius, qui; Z. 11: silentio, quod; Z. 12: civium, qui; Z. 13: is, cui; Z. 14: virum, quocum; Z. 15: pericula, quae; Z. 18: ea gente, cuius; Z. 20–21: eos Scipiones, qui; Z. 23: mores, quibus; Z. 24–25: iis hominibus, quorum; Z. 29: victorias, quae; Z. 29–30: gloriam, quam; Z. 35: eas clades, quas.
Relativsatz in Z. 33: Subjekt.

3
1. Fürchtest du nicht den Zorn des Spartanerkönigs, der dich als Gast aufgenommen hat, der dir sein Reich gezeigt hat, mit dem du gespeist hast, dessen Gastfreundschaft du genossen hast?
2. Nun beabsichtigst du, Menelaus zu täuschen, der Sparta verlassen hat, um Geschäfte zu erledigen?
3. Wer Gastfreunde täuscht, dessen Worte sind unzuverlässig.
4. Die Männer, die ein schlechtes Gedächtnis haben, versprechen immer das Blaue vom Himmel.
5. Ich habe dir einen Brief durch Aethra, deren Treue zuverlässig ist, zukommen lassen.

4
1. *quorum:* Die Griechen, deren Führer Odysseus war, warteten auf das Zeichen Sinos.
2. *quos:* Die Trojaner, die die Griechen getäuscht hatten, feierten ihren »Sieg«.
3. *quarum:* Juno und Minerva, deren Zorn gewaltig war, halfen im Krieg den Griechen.
4. *cui:* Sino, dem die Trojaner geglaubt hatten, gab den Griechen ein Zeichen.
5. *quem:* Cassandra befahl den Trojanern, das Pferd, das sie in die Stadt ziehen wollten, ins Meer zu werfen.
6. *quibus(cum):* Helena schalt oft Paris und seine Gefährten, mit denen sie nach Troja weggegangen war.

5 *ea, quae:* das, was – *eas, quae:* die, die – *id, quod:* das, was – *eae, quas:* die, die – *eas, quas:* die, die – *eae, quae:* die, die – *ei, cui:* dem, dem – *eum, quem:* den, den – *eam, quam:* die, die – *eos, qui:* die, die – *ii, qui:* die, die

6
1. Lucius timore Auli, cui pecuniam reddere debet, bovem vendit.
2. Camilla, quae sola domi relicta est, cum liberis totum diem laborabat.
3. In eo bello, quod fuit causa miseriae Lucii et Camillae, vita Lucii magno in periculo fuerat.

4. Lucius Aulo, qui clementiam suam finitam esse clamavit, partem pecuniae dedit.
5. Nunc vita Lucii et Camillae, qui beati fuerunt, misera est.

7 1. d); 2. g); 3. h); 4. e); 5. c); 6. f); 7. i); 8. a); 9. b)

Lektion 19

Tiberius Gracchus spricht

Bürger!
Neulich reiste ich durch Italien: Dort sah ich, dass viele Landgüter verlassen und manche Äcker unbebaut waren. Aber ich sah auch Großgüter überaus blühend, auf denen eine riesige Anzahl von Sklaven arbeitete.
Wie lange noch werden fremde Sklaven eure Felder bearbeiten? Wie lange noch werden eure Wohnungen von fremden Eigentümern bewohnt werden? Die Tiere, die in Italien leben, haben ihre eigenen Wohnungen und Schlupfwinkel, aber ihr, die ihr für das Vaterland gekämpft habt, seid von euren Höfen vertrieben worden und irrt mit Frauen und Kindern durch Italien. Ihr seid schließlich nach Rom gekommen, weil ihr Hilfe suchtet. Um euch jedoch kümmern sich die Senatoren und Patrizier nicht, sie haben es nicht getan, sie werden es nicht tun. Denn ein Senator oder Patrizier kümmert sich immer nur um seine eigenen Dinge; er tat es, er wird es tun.
Wie lange noch werdet ihr dieses unwürdige Leben ertragen? Wie lange noch werdet ihr euch vom Hunger quälen lassen? Wie lange noch werden eure Frauen und Kinder die notwendigsten Dinge entbehren? Seht ihr denn nicht, dass sie elend sind? Wollt ihr etwa, dass sie für immer im Elend bleiben werden? Wollt ihr etwa, dass sie fremden Herren dienen werden, weil sie anders nicht werden leben können?
Glaubt mir: Wer alles hat, wird immer noch mehr haben wollen. Die Habgier der Reichen wird niemals zu Ende sein, sie wird niemals aufhören, euch zu plagen. Deswegen brauchen wir ein neues Ackergesetz. Durch dieses Gesetz werden diejenigen, die als Soldaten ihr Vaterland verteidigt haben, ihre Belohnungen bekommen: Ackerland, von dem sie sich werden ernähren können, Wohnungen, in denen sie mit Frauen und Kindern unbehelligt wohnen werden.
Deswegen bitte ich euch, ich beschwöre euch: Wählt mich, Tiberius Sempronius Gracchus, zum Volkstribunen. Ich werde als Volkstribun euch und eure Interessen vertreten, ich werde euch zu Hilfe kommen, ich werde mich um eure Angelegenheiten kümmern: Euer Leben, das jetzt voller Elend und Mühe ist, wird frei sein von allen Sorgen. Ich werde euch euer Ackerland zurückgeben. Ihr werdet nach Hause zurückkehren. Eure Frauen und Kinder werden in Sicherheit leben können. Ich werde euch Freiheit, Ehre, Menschenwürde zurückgeben. Dieses schließlich wird ein Leben sein, das eines Römers würdig ist.

1 1. Spätestens Z. 31–33 wird deutlich, dass es sich um eine Wahlrede handelt; zuvor stachelt er jedoch schon die Zuhörer an (Z. 7 ff.). Tiberius berichtet zunächst von seinen Erlebnissen in Italien (Perfekt/Imperfekt: bis Z. 6), um dann auf die Gegenwart und Zukunft der Bürger zu sprechen zu kommen (Z. 7–30); am Ende beschwört er seine Zuhörer mit Versprechungen (Z. 31 ff.).

2. Anaphern: Z. 7, 8; 12, 13; 17, 18, 19; 21, 22; 34, 35; rhetorische Fragen: Z. 7, 8; 17–23; Vergleich: *Bestiae...* (Z. 9); Wiederholung eines Wortes mit verschiedenen Temporalendungen; *curat, curabat, curabit* (Z. 15–16); *estis, eratis, eritis* (Z. 13–14). Asyndeta Z. 4 und öfter; Antithese: *Bestiae..., sed vos* (Z. 9–10); Parallelismus: *Bestiae, quae ... vos, qui* (Z. 9–10).

2 1. Leben der meisten Römer: *multa praedia deserta, nonnullos agros incultos, praediis expulsi, per Italiam erratis, vitam indignam, fame vexabimini, uxores liberique vestri rebus necessariis carebunt, miseros, dominis alienis servituros, miseriae atque labori*
Leben der Reichen: *latifundia florentissima, numerus ingens servorum, cuncta sunt, avaritia*

2. Zukunft: Z. 7–8, 16, 17, 18, 19, 21–30, 34–40

3. Die Alternative ist, entweder weiterhin ein elendes Leben unter der Knute der Patrizier zu führen oder ihn zu wählen und dann eigenes Ackerland zu besitzen und so eine Zukunft ohne Sorgen, in Freiheit, Ehre und Würde zu haben.

3 Beim Lesen sind besonders die Satzzeichen und die durch Stilmittel hervorgehobenen Stellen zu beachten. Die Steigerung, die die Rede insgesamt enthält, soll ausgedrückt werden.

4

a-Konj.	e-Konj.	kons. Konj.	kons. Konj. mit i-Erw.	i-Konj.	esse	posse	ire
habitabuntur	*carebunt*	*colent*	*cupient*	*servituros esse*	*eritis*	*poterunt*	*redibitis*
curabit	*obtinebunt*	*desinet*		*finietur*	*futuros esse*	*poterunt*	
tolerabitis		*alentur*		*veniam*	*erit*		
vexabimini		*consulam*			*erit*		
habitabunt		*reddam*					
curabo		*reddam*					

bo-bi-bu: a- und e- Konjugation; *ameeeeerika*: kons., i-Konjugation; kons. Konjugation mit i-Erweiterung.

5 debebo, potero, iniecturum esse, poterit, ibo, petam, adiuturum esse

6 1. vexo – cepi – videbo – sum – potui – abibo. 2. deletur – diligentur – captus est – datur – agentur – expositus est. 3. adiuvari – diligi – acturum esse – vinci – timeri – tracturum esse

7 Z. 27–30: Paralleler Aufbau der *praemia: agros, quibus ... und sedes, quas*.

HS	GS
Hac lege ii,	
	qui milites patriam suam defenderint,
praemia sua obtinebunt:	
agros,	
	quibus alentur,
sedes,	
	quas cum uxoribus atque liberis securi habitabunt.

8 1. *mercator* gehört nicht zum Schulbetrieb. 2. *pastor* (Hirte) gehört nicht zum sakralen Bereich. 3. *iam* ist keine Futurform. 4. *pater* ist kein Begriff aus der Politik.

Lektion 20

Ich klage an!

C. Verres klage ich an, meine Herren Richter, einen römischen Senator. Das ist eine beschwerliche Sache und sie wird mir vielleicht Hass bei den Freunden dieses Menschen da einbringen.
C. Verres klage ich an, meine Herren Richter, den Statthalter der Provinz Sizilien. Das ist eine notwendige Sache und sie wird unseren guten Ruf bei den Bundesgenossen und Freunden des römischen Volkes wiederherstellen.
Was ist geschehen? Überall plündern römische Beamte die Provinzen nach Geld aus, überall stehlen sie Marmorstatuen und schöne Gemälde, überall begehen sie viele andere frevelhafte und ungerechte Taten. Aber du, Verres, der du vom römischen Volk als Statthalter nach Sizilien gesandt wurdest, hast noch mehr ungerechte Taten als andere vor dir den Einwohnern Siziliens und den römischen Bundesgenossen angetan.
Da ich von diesen gebeten worden bin, werde ich den Sizilianern Hilfe bringen und damit unsere Ehre wiederherstellen. Hört, ihr Richter, von den Verbrechen und von

der Schande dieses Menschen, den alle guten Bürger verabscheuen. Da war ein Gavius, ein römischer Bürger, der von Verres mit falschen Beschuldigungen angeklagt und (zur Strafe) in den Steinbruch geschickt wurde. Dieser entkam und begab sich in Messina auf ein Schiff. Schon sah er in der Nähe die Küste Italiens, wo er in Sicherheit zu sein hoffte, aber Gavius wurde von einem Freund des Verres erkannt. Er wurde ergriffen und aufs Forum geschleppt, die Sache wurde Verres gemeldet. Da leuchteten die Augen dieses verbrecherischen Menschen hell auf, auf seinem ganzen Gesicht zeigte sich Grausamkeit. Er ließ Schlagruten herbeiholen. Es schrie Gavius, er habe niemandem Unrecht getan, aber mit Ruten gepeitscht wurde er mitten im Forum von Messina – ein römischer Bürger, ihr Richter! Unter dem Klatschen der Ruten war kein einziges anderes Wort zu hören als: »Ich bin römischer Bürger!« Dann hast du ihn ans Kreuz schlagen lassen – du, Verres! So wurde unser Mitbürger aus dem Wege geräumt.
Ich frage euch: Wie nehmt ihr eine solche Sache auf, ihr Richter? Wie trägst du, Verres, diese Schande? Oder hast du geglaubt, ich würde solch ein großes Verbrechen mit Schweigen übergehen?
Unsere Vorfahren haben den Bundesgenossen Hilfe gebracht. Du und deine Freunde da bringen sogar römische Bürger ins Unglück!
Wegschleppen, morden, rauben wird von diesen Leuten da »Imperium« genannt!
Oh, was für Zeiten! Oh, was für Sitten!

1
1. In diesen Sätzen werden die Richter direkt angesprochen; sie sollen besonders eindringlich auf die Richter wirken.
2. Abschnitt 1: *C. Verrem* wird als Angeklagter betont an den Anfang gestellt; *senatorem Romanum* ist wiederum betont an das Ende des Satzes gestellt, um die Ungeheuerlichkeit, dass es sich um einen römischen Senator handelt, der hier angeklagt werden muss, hervorzuheben. *Propraetorem provinciae:* Die Alliteration betont Amt und Funktion. Die Anapher *ubique, ubique* bezeichnet das überall übliche Verfahren (das ja an sich schon nicht rühmenswert ist), dem durch *sed* (Antithese) die brutale Ausbeutung durch Verres gegenübergestellt wird.
   Abschnitt 3: Rhetorische Fragen (mit Anapher *quo animo*), mit denen sich Cicero direkt an die Richter bzw. Verres wendet. Somit legt er ihnen die Antwort in den Mund.
   Klimax und Asyndeta (*auferre, trucidare, rapere*) zwingen die Richter gleichsam zum Aufschrei gegen dieses Verbrechen. Die beiden Ausrufe schließen pointiert ab.
   In Abschnitt 1 will Cicero die Aufmerksamkeit der Richter gewinnen und die Neuartigkeit des Verbrechens hervorheben, in Abschnitt 3 will er sie auch emotional ansprechen und Verres frontal angreifen.

2
1. Risiken: Er befürchtet, dass er sich verhasst macht in manchen Kreisen (Z. 3–4), er übernimmt die Anklage trotzdem, weil sie notwendig ist (Z. 6), um das Ansehen Roms zu erhalten, und weil ihn die Sizilianer darum gebeten hatten (Z. 16).
2. Die Ausbeutung der Provinzen in materieller Hinsicht war offenbar üblich; Verres

hat sich aber durch besondere Übergriffe gegen die Bevölkerung, insbesondere gegen römische Bürger, negativ hervorgetan.

3 *sceleribus et infamia; ardebant oculi hominis scelesti; toto ex ore crudelitas. Civis Romanus/noster* wiederholt sich öfter. Die Tatsache, dass Verres sich gegen einen römischen Bürger vergeht, wird besonders hervorgehoben.

4 Cicero wendet sich a) an die Richter (Z. 36) und b) direkt an Verres und seine Leute (Z. 37–43). Vorwurf an die Richter: »Wie könnt ihr solche Verbrechen ertragen?«; an Verres und seine Leute: »Wie könnt ihr solche Schande ertragen?« Die Vorfahren dienen als Gegenbild zu Verres und seinen Leuten; zugleich hebt Cicero die Verantwortung der Richter hervor, den guten römischen Namen in der Welt zu verteidigen.

5
1. fero – feram – ferebam – tuli – tuleram
2. afferris – affereris – afferebaris – allatus es – allatus eras
3. aufert – auferet – auferebat – abstulit – abstulerat
4. tollimus – tollemus – tollebamus – sustulimus – sustuleramus
5. inferuntur – inferentur – inferebantur – illati sunt – illati erant

6 Gavius e medio sublatus est. Tu nomini Romano iniurias intulisti. Iudices, tantam rem ferre non potestis. Res ad me defertur. Ego auxilium civibus Romanis fero. Romani pecunias provinciarum abstulerunt. Verres Gavium caedi iussit. Gavius Messanam se confert.

7 a) fers, b) tulerat, c) tulisti, d) tulerunt, e) latus es, f) fereris, g) ferri, h) feram, i) ferebamus, j) fert – Secundus hic cacat.

8 *Tu, Verres, a populo Romano propraetor in Siciliam missus, ... intulisti* (Z. 12–15):
Obwohl du, Verres, vom römischen Volk als Proprätor nach Sizilien geschickt worden warst, hast du ... – Du, Verres, bist vom römischen Volk als Proprätor nach Sizilien geschickt worden und hast trotzdem ... – Du, Verres, vom römischen Volk als Proprätor nach Sizilien geschickt, hast trotzdem ...
A quibus ego oratus auxilium feram ... (Z. 16–17):
Weil ich von diesen gebeten wurde, werde ich helfen ... – Von diesen gebeten, werde ich helfen ... – Auf ihre Bitte hin werde ich helfen ... – Von diesen wurde ich gebeten und werde deshalb helfen ...
Comprehensus in forum rapitur. (Z. 26):
Nachdem er gepackt worden ist, wird er auf das Forum gezerrt. – Er wurde gepackt und auf das Forum gezerrt.

9 Zur Information können Lexika, Reiseführer, Ferienkataloge etc. herangezogen werden.

Lektion 21

Text 1 T. Aurelius Scaurus grüßt D. Aurelius Scaurus

Oh, was für ein großer und bewunderungswürdiger Sieg! Endlich wurde Alesia, die Hauptstadt der Arverner, eingenommen! Zusammen mit meinem Gaius war ich als Militärtribun bei der Belagerung dabei, gemeinsam mit meinem Gaius habe ich gekämpft und gesiegt.
Du hörst doch jetzt wohl auf, Gaius für einen schlechten und trägen Menschen zu halten? Du sagtest immer, er sei unter dem Druck seiner Schulden übers Meer geflüchtet, er führe nur deswegen in Gallien Krieg, um nicht in Rom ins Gefängnis zu kommen. – Nun wisse, dass der Prokonsul ein echter Römer ist. Seine Klugheit und Tapferkeit habe ich immer wieder erlebt! In Gallien wird er von allen unseren Leuten geliebt.
Der Krieg um Alesia war sehr schwierig: Weil Alesia auf einem Berg liegt, hatten wir es nicht einnehmen können. Deswegen hatte Gaius die Stadt belagern lassen. Mit großen Mühen wurden Befestigungsanlagen gebaut und Türme errichtet. Dennoch kamen die Arverner und andere Gallier unter Führung von Vercingetorix oft aus der Stadt heraus und begannen heftige Kämpfe mit unseren Leuten – aber immer wurden sie zurückgetrieben. Schließlich ergaben sie sich, von Hunger und Durst bezwungen, Vercingetorix selbst wurde uns ausgeliefert. Gaius aber lobte seine tapferen Soldaten und teilte uns Belohnungen zu – auch mir ... Ich bin glücklich! Alle sind glücklich. Dass wir noch lange in Gallien bleiben und siegen werden, hoffe ich. Du aber, mein lieber Bruder, genieße das süße Leben in Rom.
Lass es dir gut gehen; mir jedenfalls geht's gut.

Text 2 Aus dem Brief eines Legionssoldaten

Nun sind wir endlich im Winterlager, nun sind wir endlich frei von Mühen. Jedoch: Wie lange werden wir uns ausruhen können? Vercingetorix, der Führer der Arverner, ist besiegt und Gaius Iulius Caesar wird von allen mit lauter Stimme gepriesen. Was hat er denn schon getan? Sind nicht wir, die einfachen Soldaten, mit schwerem Gepäck beladen zu Fuß über Berge und Ebenen marschiert? Haben nicht wir oft Hunger und Durst aushalten müssen? Haben nicht wir die Befestigungen geschaufelt? Haben nicht wir die Türme hochgezogen? Haben nicht wir die Kämpfe ausgetragen? Haben nicht wir im Nahkampf mit den Feinden gefochten? Auch wenn wir heil aus den Kämpfen herauskamen, hatten wir dennoch immer den Tod vor Augen und haben ihn immer noch. Oh, wie viele Kameraden habe ich verwundet und fallen gesehen, wie viele Freunde verloren!
Gestern ist auch der Militärtribun T. Aurelius Scaurus gefallen: Mit ein paar Soldaten erkundete er die Umgebung, als er plötzlich von den Feinden überfallen und getötet wurde.
Oh, wann wird endlich dieses grausame Morden ein Ende finden? Dieser Caesar, der uns Krieg zu führen zwingt, wie verhasst ist er mir!

Wenn, was die Götter verhüten mögen, es mir nicht vergönnt sein wird, nach Rom zurückzukehren, wisse dennoch, meine liebe Antonia, meine Frau, dass ich dich immer geliebt habe, dich liebe und lieben werde. Lebe wohl!

1
1. Eine Ansicht über Gaius: *Gaium hominem malum atque ignavum, aere alieno oppressum per mare fugisse; in Gallia bellum gerere, ne in vincula coniceretur.*
   Eine andere Ansicht über Gaius: *virum vere Romanum; prudentiam virtutemque eius; ab omnibus nostris amatur.*
   Funktion des Gaius: Prokonsul; Befehlshaber im gallischen Krieg.
   Beurteilung durch Scaurus: Er bewundert ihn über die Maßen; in Rom hält man ihn dagegen teilweise für einen Bankrotteur.
2. Ausrufe (Z. 2, 3, 10, 23); Anapher: *cum Gaio meo* (Z. 4–5); Anapher: *eum, eum* (Z. 7–8); rhetorische Frage (Z. 6–7).
3. Alesia, das auf einem Berg liegt (*in monte sita*), wird belagert (*obsideri*), die Soldaten bauen Befestigungen und Türme (*munitiones factae turresque exstructae*), immer wieder kommt es zu Kämpfen mit Vercingetorix und seinen Leuten (*proelia acria*), schließlich ergeben sich die Belagerten wegen Hunger und Durst (*fame sitique victi se dederunt*), Vercingetorix wird ausgeliefert (*deditus est*).
4. Scaurus ist in euphorischer Stimmung unmittelbar nach dem Sieg.

2
1. Er scheint müde von den Strapazen, traurig wegen der vielen Gefallenen und sehnt sich das Ende der Kämpfe herbei, hat Angst, nicht mehr nach Hause zurückzukommen.
2. Gaius ist derjenige, der für den Sieg gerühmt wird, während die Soldaten die vielen Mühen und Ängste auf sich nehmen mussten. Er hasst Gaius (Z. 23–24).
3. Wiederholtes *nunc tandem* (Z. 2–3) drückt aus, dass der Soldat froh ist, endlich die Kämpfe hinter sich zu haben. Rhetorische Frage an sich selbst (Z. 4) zeigt die Resignation trotz des Sieges. Rhetorische Fragen und Anaphern (Z. 7–14) heben hervor, dass die Soldaten die Mühen ertragen müssen, nicht Gaius. Ausruf (Z. 17–18) und rhetorische Frage (Z. 22) beklagen die vielen Gefallenen (Anapher *quot, quot*, Z. 17–18) und das Elend des Krieges. Ausruf (Z. 23–24) zeigt den Hass gegen Gaius. *Amavisse, amare, amaturum esse*: Die Infinitive der drei Zeitstufen zeigen die Liebe des Soldaten zu seiner Frau über alle Zeiten hinweg (Z. 27).
4. Text 2 ist aus der Sicht des einfachen Soldaten geschrieben, der den schrecklichen Alltag des Krieges erfährt.
   In Text 1 kommt ein Offizier zu Wort, der auch Belohnungen erhält.
5. Text 2 gibt gewiss realistischer die Situation nach einem Belagerungskrieg wieder.

3
1. Caesar ist in der Prachtuniform dargestellt, als großer triumphierender Feldherr; der Künstler war zweifellos beauftragt, Caesar so zu zeigen.
2. Die Darstellung des sterbenden Galliers zeigt das wahre Gesicht des Krieges. Er trägt die keltische Kette, sein Haar ist »gestylt«.

3. Zu Text 1 die Caesarstatue (Caesar verherrlichend), zu Text 2 der sterbende Gallier (wahres Gesicht des Krieges).

4 *acria* (Neutrum Pl. auf *-ia*); *siti* (Abl. Sg. auf *-i*); *dulci* (Abl. Sg. auf *-i*); *sitim* (Akk. Sg. auf *-im*); *turris* (Akk. Pl. auf *-is*); *caedium crudelium* (Gen. Pl. auf *-ium*).

5 1. admirabilis – admirabilem – admirabilia – admirabile – admirabiles; 2. acrium – acris – acria; 3. felix – felicia – felicem; 4. crudelem – crudele – crudelia

6 1. vicisse, vincere, victurum esse
2. adiuvisse, adiuvare, adiuturum esse
3. fuisse, esse, futurum esse
4. vidisse, videre, visuros esse

7 Z. 1 und 2: Gegenwärtige Situation: Die Soldaten sind im Winterlager (Präs.), Z. 3: Bange Frage nach der Zukunft (Fut.), Z. 5: Vercingetorix ist besiegt (Perf.), Z. 6: Daraus folgt für Caesar der gegenwärtige Ruhm (Präs.), Z. 7: Frage nach der vergangenen Leistung Caesars (Perf.), Z. 8–18: Schilderung der dauernden, immer wiederkehrenden Kriegsmühen in der Vergangenheit (Imperf.), Z. 19: Tod des Tribunen (Perf.), Z. 20: Dauernde Tätigkeit des Tribunen (Imperf.), Z. 21: Plötzlicher Tod (Perf.), Z. 22: Frage nach der Zukunft (Fut.), Z. 23–24: Gegenwärtiger Hass gegen Caesar (Präs.), Z. 25–27: Frage nach der Zukunft (Fut., Imperativ).

8 z.B.: Tätigkeiten und Erfahrungen: *victoria, capere, obsidio, pugnare, vincere, bellum gerere, virtus, obsidere, munitiones facere, turris exstruere, proelia acria committere, repellere, se dedere, in hibernis esse, pedibus ire, famem sitimque ferre, comminus pugnare, incolumis e proeliis exire, vulnerare, caedere, cadere, loca explorare, occidere, opprimere, caedes crudeles*. – Personen: *tribunus militum, dux, milites (gregarii), hostis, commilitones*. – Eigenschaft der Personen: *fortis*.

9 Text 1, Z. 6–7: Du hast Recht, ich bin überzeugt; Text 2, Z. 4: Nicht sehr lange, denn der Krieg geht weiter; Z. 7: Gaius selbst hat nicht viel gemacht; Z. 8–14: Wir einfachen Soldaten mussten marschieren, Hunger ertragen, Befestigungen schaufeln, Türme errichten, kämpfen; Z. 22: Wahrscheinlich geht es noch lange so weiter.

10 Viele Antworten sind möglich.

Lektion 22

Text 1 Tantalus

Tantalus, ein Sohn Iuppiters, war König von Lydien. Er besaß großen Reichtum. Einmal überlegte er bei sich: »Was fehlt mir (noch)? Alles besitze ich; ich bin Freund der Götter. Die Götter laden mich sogar zur Teilnahme an ihren Gastmählern ein. Wem ist jemals eine so große Ehre zuteil geworden? Ich speise gern mit den Göttern und besuche sie oft, damit ich ihre Geheimnisse kennen lerne. Wer denn kann mich daran hindern, sie den Menschen zu verraten?
Denn ich werde die Geheimnisse der Götter in der Absicht verraten, dass die Menschen die Götter nicht (mehr) fürchten. Ich habe nämlich gesehen, dass die Götter weder an Tüchtigkeit noch an Macht noch an Klugheit den Menschen überlegen sind. Dann werden die Menschen keinen Wert mehr darauf legen, die Götter durch Opfer zu verehren.
Die Pläne der Götter sind mir wohl bekannt. Ich nehme ja an ihrem Mahl teil. Worin liegt (überhaupt) der Unterschied zwischen mir und ihnen? Ich esse Ambrosia, trinke Nektar. Wer kann mich daran hindern, die Speisen der Götter an die Menschen weiterzugeben? Um eines bemühe ich mich, eines wünsche ich mir: zu beweisen, dass die Götter nicht weise sind. Denn sie bilden sich nur ein, alles zu sehen, zu hören, zu wissen.
Ich werde meine Sklaven beauftragen, eine den Göttern unbekannte Speise zu bereiten. Ich werde ihnen befehlen, meinen Sohn Pelops zu töten und den Göttern zur Speise vorzusetzen. Ich werde sie täuschen! Ich, König Tantalus, werde die großen Götter durch meine Klugheit überwinden.«

Text 2 Tantalus in der Unterwelt

Tantalus steht mitten in einem Teich. Heftiger Durst quält ihn. Kühles Wasser umgibt ihn von allen Seiten. Doch jedesmal, wenn er trinken will und sein Mund sich dem Wasser nähert, weicht das Wasser sofort zurück.
Starker Hunger quält ihn. Die schönsten Früchte hängen über seinem Haupt. Jedesmal, wenn er sich bemüht, sie zu ergreifen, gehen die Äste hoch zum Himmel zurück.
Schließlich sorgt ein Fels, der drohend über ihm steht, dafür, dass er ständig in höchster Todesangst lebt.
In dieser Qual schreit Tantalus: »Oh, ihr Götter, bin ich denn nicht euer Freund gewesen? Habt ihr mir denn nicht Macht und Reichtum gewährt? Kann ich euch denn nicht auch jetzt dazu bewegen, mich von so schrecklichen Qualen zu erlösen?«
Doch die Götter schweigen.

1 1. magnas divitias possidebat, omnia possideo, amicus deorum, dei me invitant, conviviis suis intersim, honorem tantum, cum deis ceno, eos visito, arcana eorum cognoscam, consilia deorum non ignoro, cenae eorum intersum, ambrosiam edo nectar bibo

2. Hochmut: Er hält die Götter nicht für überlegen im Hinblick auf Tugend, Macht und Klugheit. Er hält sich für ihnen ebenbürtig, ja sogar überlegen. Verrat: Er will die Geheimnisse der Götter den Menschen verraten und so verhindern, dass die Menschen den Göttern opfern und die Götter fürchten. Hinterlist: Er will die Götter überlisten, um zu beweisen, dass sie nicht alles wissen. Grausamkeit: Er will seinen eigenen Sohn zum Mahl vorsetzen.
3. Er will die Geheimnisse kennen lernen (Z. 7), sie an die Menschen verraten (Z. 8), die Menschen von der Furcht vor den Göttern befreien (Z. 9–10), die Menschen dazu bringen, nicht mehr den Göttern zu opfern (Z. 12), den Menschen die Götterspeise geben (Z. 15), zeigen, dass die Götter nicht weise sind (Z. 16–17), den Göttern Pelops vorsetzen (Z. 18–21).

2 1. Er versteht nicht, dass er, der einstige Liebling der Götter, so bestraft wird und die Götter nicht mehr überreden kann.
2. Voller Hochmut überschätzt er seine Macht und verletzt menschliches und göttliches Recht, zeigt sich nach der Bestrafung uneinsichtig.

3

arcana deorum prodam
cibos deorum hominibus tradam
Pelopem, filium meum, trucident
et deis pro cena apponant

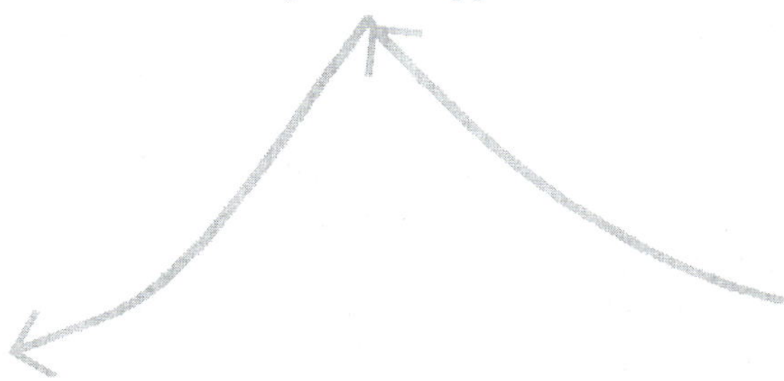

filius Iovis, rex Lydiae,
magnas divitias,
amicus deorum
cum deis ceno

medio in stagno stat
siti acri vexatur
fame acri vexatur
in summo timore mortis vivat

4 1. Ich arbeite, um zu leben – ich lebe, um zu arbeiten – ich arbeite, um Reichtum zu besitzen – ich arbeite, um zu arbeiten.
2. Ich esse, um zu leben – ich lebe, um zu essen.
3. Ich schreie, damit ich gehört werde – ich schreie, um zu schreien.
4. Ich gehe zum Lehrer, um viel zu lernen – ich gehe zum Lehrer, um mit Freunden zu spielen; ich gehe zum Lehrer, um Spaß zu haben (damit mir der Spaß nicht fehlt) – ich gehe zum Lehrer, um nicht nichts zu tun.

5 Ich wünsche, dass es dir gut geht. – Ich wünsche, dass du nicht traurig bist.
Es gibt viele Lösungsmöglichkeiten.

6 Es gibt viele Lösungsmöglichkeiten.

7 sis, capiat, audiant, agamus, videas, laboretis, possit, rapiat, veniam, bibam, debeatis, ames, sint, accipiamus, conveniatis, diligas, appareat, advolent.

8 Tu, vir vesane, deos aeternos non superabis. Cave!

9
1. Schlimmste Folterqualen, wenn die Linderung der Schmerzen oder der Begierden zum Greifen nahe ist, aber immer wieder ausbleibt.
2. Eine unendliche Arbeit, die ungeheuer mühsam, aber zugleich sinnlos ist.

Lektion 23

Antigone

Antigone: Oh, liebe Schwester Ismene. Ich kenne kein Unglück, das das Schicksal uns und unserem Stamm erspart hat. Denn unser unglücklicher Vater Ödipus kam, vom Schicksal gezwungen, nach Theben und heiratete Königin Iocaste, deren Mann erschlagen worden war, seine eigene – und bald auch unsere – Mutter, ahnungslos.
Nachdem unsere Eltern diese Schande entdeckten, nahm sich Iocaste das Leben; Ödipus, von eigener Hand geblendet, bot bis ans Ende seines Lebens ein Beispiel für die Macht des grausamen Schicksals.

Ismene: Warum erneuerst du jetzt so heftigen Schmerz, Antigone?

Antigone: … damit du nicht vergisst, dass der Zorn der Götter ungeheuer ist. Denn eine schwere Strafe erleiden Menschen, die gegen das göttliche Recht verstoßen haben. Haben nicht auch unsere Brüder Eteocles und Polynices die Götter beleidigt? Aus Streitsucht haben sie einen Bürgerkrieg angefangen und, indem sie sich gegenseitig mit dem Schwert töteten, ihre Strafen für den Frevel erlitten.

Ismene: Das weiß ich alles, Antigone. Oder bewegt dich etwa ein neuer Kummer so schwer, dass du wieder von den Brüdern reden musst?

Antigone: Aber ja! Hast denn nicht auch du gehört, dass Creon, der jetzige König von Theben, ein frevelhaftes und gefährliches Gesetz erlassen hat?

Ismene: Ich habe noch nicht von den Gefahren gehört, die uns drohen. Sprich, Schwester, dass ich's weiß!

Antigone: Der König hat verkündet: »Die Ehre eines Begräbnisses erhalte einer der Brüder, Eteocles, weil er die Stadt verteidigt hat. Doch den anderen, Polynices, sollen die Thebaner, weil er ein Feind Thebens war, unbegraben liegen lassen! Den Leichnam dieses Verbrechers sollen sich wilde Tiere als Beute holen! So soll ein Feind bestraft werden. Die Bürger aber sollen meinen Zorn fürchten! Wer mein Gesetz übertritt, der soll den Tod erleiden!«

Ismene: Oh, unsere unglücklichen Brüder! Oh, was für eine Grausamkeit des Königs! Was sollen wir tun, Antigone?

Antigone: Wir dürfen nicht lange zögern, sondern müssen das tun, was die Götter verlangen, Ismene. Wir müssen sowohl den Göttern gehorchen wie als Schwestern den Brüdern beistehen. Wir müssen den Bruder beerdigen, auch wenn Creons Gewalt groß ist. – Oder zögerst du etwa?

Ismene: Ich weiß nicht … Sei dir bewusst, dass wir Frauen sind; unsere Kräfte sind schwach. Der Macht des Königs widerstehen und zugleich mit dem Leben heil davonkommen können wir nicht.

Antigone: Wenn ich den Göttern gehorche, werden sie mir beistehen. Was von uns das Recht der Götter und die Sitte der Vorfahren fordern, das werde ich nun als meine Pflicht tun. Wenn du feige bist, werde ich allein tun, was den Göttern gefällt.

Ismene: Wie fürchte ich um dein Heil, Schwester! Wenn du doch nur bei Nacht tätest, was du vorhast! So wirst du vielleicht dein Leben retten …

Antigone: Unter der Sonne wird die rechte Gesinnung von den Göttern erkannt. Jetzt soll der Bruder begraben werden von meiner Hand.

1

1. Antigone – Ismene sind Schwestern, ihr Vater ist Ödipus; Mutter des Ödipus sowie von Antigone und Ismene ist Iocaste; Brüder von Antigone und Ismene sind also Eteocles und Polynices; Creon ist der Onkel von Antigone, Ismene, Eteocles und Polynices.
2. a) Vorgeschichte: Z. 2–18; b) gegenwärtige Situation: Z. 19–34; c) mögliche Reaktion: Z. 35–51.
3. a) Perfekt, Indikativ; b) Präsens, öfter Konjunktiv; c) Präsens – Futur, öfter Konjunktiv.
4. Polynices soll nicht bestattet werden; somit soll göttliches Recht verletzt werden.

2

1.

	1. Möglichkeit: Den Bruder heimlich bestatten (*fratrem sepelire*)	2. Möglichkeit: Creons Befehl befolgen
Argumente	*faciamus id, quod dei postulant* *deis parere et fratribus adesse* *debemus fratrem sepelire* *fas et mos maiorum officium* *recta mens*	*vis Creontis magna est* *nos esse feminas* *potentiae regis resistere* *non possumus*

Mögliche Folgen	*vitam servare incolumem non possumus*	*vitam servare*

2. Antigone wird ertappt, veurteilt und muss sterben (s. Informationstext, S. 169).

3 Befehle: Edikt Creons (Z. 26–34); überlegende Fragen, Unsicherheit: Ismene (Z. 36); Aufforderung zu gemeinsamem Handeln: Antigone (Z. 37–40); Wunsch Ismenes an Antigone (Z. 48–49); entschiedener Wille Antigones (Z. 50–51)

4

Befehl	Aufforderung an die 1. Pers. Plural	zweifelnde Frage	Bitte/Wunsch
afficiatur (Z. 27) *relinquant* (Z. 30) *sit* (Z. 31) *puniatur* (Z. 32) *timeant* (Z. 33) *necetur* (Z. 34)	*cogitemus* (Z. 37) *faciamus* (Z. 36)	*faciamus* (Z. 37)	*utinam facias* (Z. 48) *sepeliatur* (Z. 51)

5
1. Wenn Ismene feige sein wird, wird Antigone den Bruder allein bestatten (konditional).
2. Sobald Eteocles und Polynices sich gegenseitig getötet hatten, erließ der König ein Gesetz (temporal).
3. Der König ist so zornig, dass er menschliches und göttliches Recht verletzt (konsekutiv).
4. Obwohl die Götter befehlen, dass der Bruder bestattet wird, widersetzt sich Ismene der Macht des Königs nicht (konzessiv).
5. Ich werde so handeln, wie die Götter es befohlen haben (komparativ).
6. Eteocles soll bestattet werden, weil er die Stadt verteidigt hat (kausal).
7. Der König verfügt, dass Polynices als Feind bestraft werden soll (final).

6 *dis* statt *deis; et* ergänzt; Veränderung der Wortstellung: Das Versmaß bestimmt die Wortabfolge.

7 Mögliche Argumente für Anklage/Verteidigung z.B.: Dem Gesetz des Königs ist zu gehorchen, damit der Bürgerkrieg ein Ende hat. Das göttliche bzw. menschliche Gesetz ist höher zu stellen als die Befehle des Königs. Antigone hat das Recht zum Widerstand.

8 audiatur et altera pars

Lektion 24

Text 1 Ein Wunder schafft Probleme

Amphitruo: Sei gegrüßt, Tiresias, Prophet der Thebaner!

Tiresias: Sei gegrüßt, Amphitruo. Ich hoffe, dir geht's gut.

Amphitruo: Mir geht's schlecht, schlecht. Die Frauen sind fürchterlich!

Tiresias: Wirklich? Alle?

Amphitruo: Alle! Vor allem jene, die ihre Männer täuschen und betrügen. Mögen die Götter und Göttinnen sie verderben!

Tiresias: Warum bist du so erzürnt? Deine Frau jedenfalls ist treu.

Amphitruo: Ach! Von ihr selbst bin ich gerade grausam getäuscht worden. Vor allen Menschen mache ich mich jetzt lächerlich. Ich, Amphitruo, der Feldherr der Thebaner!

Tiresias: Was ist denn der Grund für dieses Gelächter?

Amphitruo: Du weißt, Alcumena hat neulich Zwillinge zur Welt gebracht, Iphicles und Hercules. Gesund und schön waren sie, der eine und der andere. Wie glücklich war ich an jenem Tage. Vor lauter Freude habe ich Iuppiter mit eigener Hand einen Stier geopfert. Heute jedoch musste ich erfahren, dass jene Jungen nicht meine Söhne sind.

Tiresias: Wie hast du das denn erfahren?

Amphitruo: Ich war im Garten, als ich plötzlich die Sklavinnen schreien hörte. Ich laufe sofort ins Haus und bekomme einen riesigen Schrecken: In den Wiegen der Jungen sehe ich zwei Schlangen. Bevor ich etwas tun konnte, packt Hercules die Tiere mit den Händen, würgt sie, tötet sie. … Ein Kind von ein paar Monaten! Mein Schrecken geht in Staunen über, mein Staunen in Wut: Das ist nicht der Sohn eines sterblichen Menschen! Ich bin nicht der Vater dieser Zwillinge. Aber welcher Halbgott hat sie gezeugt? Alcumena jedenfalls hat die Treue gebrochen. Jener Ehebruch muss betraft werden! Oh, Tiresias, was mach' ich bloß?

Text 2 Die Erklärung des Wunders

Tiresias: Du hast keinen Anlass, Alcumena zu zürnen, Amphitruo; sie war dir immer treu.

Amphitruo: Sie war es nicht! Die Götter mögen sie und ihren Ehebrecher verderben!

Tiresias: Ich sage dir, dass sie selber getäuscht wurde. – Während du mit dem Heer von Theben fern warst, besuchte Iuppiter deine Frau.

Amphitruo: Iuppiter!? – Sie hat doch immer wieder geschworen, dass sie treu gewesen sei.

Tiresias: Sie hat die Wahrheit gesagt. Iuppiter hat nämlich, da er wusste, dass Alcumena dich liebt, sich eine List ausgedacht: … Er hat sich in deine

	Gestalt verwandelt. Deine Frau glaubte, ihren Mann, nicht einen Gott, zu umarmen.
Amphitruo:	Oh, schweig'!
Tiresias:	Am folgenden Tage kamst du aus dem Krieg zurück. – So kommt es, dass Hercules Iuppiters Sohn, Iphicles aber dein Sohn ist.
Amphitruo:	Und das alles soll ich etwa glauben? Soll ich etwa glauben, dass Iuppiter selbst gegen Menschen- und Götterrecht die Menschen täuscht und betrügt? Diesen Gott werde ich nicht mehr anbeten, diesem werde ich nicht mehr opfern.

1
1. Zu Beginn von Text 2 beginnt Tiresias, das Amt des *vates* auszuüben.
2. Er lässt Amphitruo erzählen, stellt nur kurze Fragen, beruhigt Amphitruo.

2
1. Tiresias, Amphitruo, Alcumena, Iphicles, Hercules, Iuppiter.
2. Tiresias: versucht Amphitruo zu beruhigen, weiß als *vates* über alles Bescheid.
   Amphitruo: eifersüchtig, sein Bild von den Göttern wird erschüttert.
   Alcumena: wird getäuscht, ist aber treu.
   Iphicles: Sohn des Amphitruo und der Alcumena.
   Hercules: Sohn Iuppiters und der Alcumena, mit göttlichen Kräften.
3. Z. 27: *arripit, premit, necat*: Klimax, Asyndeton.
4. Z. 19–20; Z. 29–30.
5. Gewissheit über die Treue/Untreue seiner Frau, die Vaterschaft der Kinder: Z. 10 *deceptus sum*; Z. 19 *filios meos non esse*; Z. 31–32 *qui heros illos genuit?;* Z. 33 *Alcumena fidem violavit;* Z. 34 *adulterium puniatur.*
6. Die Götter verhalten sich wie Menschen, sind auch hinterlistig, betrügen die Menschen, haben aber mehr Macht als die Menschen.
7. Die enorme urwüchsige Körperkraft und Unerschrockenheit.

3 Text 1: Z. 6 *illae: feminae;* Z. 7 *illas: feminas;* Z. 10 *illa: uxore;* Z. 13 *huius:* attributiv zu *risus*: das Gelächter über den Betrug; Z. 16 *hic et ille:* Hercules et Iphicles; Z. 17 *illo:* attributiv zu *die:* Tag der Geburt der Zwillinge; Z. 19 *illos:* attributiv zu *pueros:* Iphicles und Hercules; Z. 21 *hoc:* den Betrug; Z. 30 *hic: Hercules*; Z. 31 *horum:* attributiv zu *geminorum:* Iphicles und Hercules; Z. 31 *illos: geminos;* Z. 34 *illud:* attributiv zu *adulterium:* der beschriebene Ehebruch.
Text 2: Z. 4 *illam: Alcumenam;* Z. 5 *illius: Alcumenae;* Z. 6 *illam: Alcumenam;* Z. 9 *haec: Alcumena;* Z. 18 *haec:* attributiv zu *omnia:* die Erklärung des Teiresias zur Schuldlosigkeit der Alcumena; Z. 21 *hunc:* attributiv zu *deum:* Iuppiter; Z. 22 *huic:* Iovi.

4
1. manus, manus, manus, manus, manibus, manuum, manui, manum
2. risui, risu – risus, risus – risibus, risibus – risus – risus, risum
3. domus, domui, domus – domos – domorum – domus, domo – domibus, domibus

5 z.B.: *puer paucorum mensium:* ein wenige Monate alter Junge; *Alcumena, uxor magnae fidei:* Alcumena, eine sehr treue Frau; *imperator summae prudentiae:* ein äußerst kluger Feldherr; *Cicero, vir magnae scientiae:* Cicero, ein Mann mit großem Wissen; *civitas concordiae firmae:* ein Staat mit fester Eintracht; *Hercules, vir virtutis admirabilis:* Hercules, ein Mann von bewundernswerter Tapferkeit; *senatores magnae dignitatis:* Senatoren von großem Rang.

6 Freundschaft – Habgier – Milde – Zwietracht – schlechter Ruf – Treulosigkeit – Klugheit – Eintracht – Schande – Wissen
Feigheit – Gerechtigkeit – Freude – Beschwerlichkeit – Wut – Weisheit – Dummheit
Eigenschaft und Verhalten (*-ia, -itia* entsprechen oft den deutschen Suffixen *-heit, -keit*).

Lektion 25

Text 1 Hydra

Einst wurde ein grausames Ungeheuer mit Namen Hydra von Juno nach Griechenland geschickt, um Hercules zu verderben. Jene Göttin nämlich war von einem so großen Hass gegen den Sohn ihres Mannes Iuppiter erfüllt, dass sie ihm auf jede Weise zu schaden suchte.
Die Hydra, die in Sümpfen hauste, verbreitete Schrecken unter Menschen und Tieren. Aus ihrem hässlichen Leib erhoben sich die Köpfe von zwölf Schlangen, die einen todbringenden Atem gegen alle aushauchten, die sich näherten. Hercules wurde von König Eurystheus den Einwohnern zu Hilfe geschickt und näherte sich dem Sumpf mit Iolaus, einem Sohn seines Bruders Iphicles, der ihn oft begleitete, um ihm in Gefahren beizustehen. Die Einwohner dieser Gegend forderte er auf, weit weg zu bleiben, damit sie keinen Schaden erlitten.
Die Hydra kommt sogleich schnell herbei. Zwölf Köpfe erheben sich, um ihren todbringenden Atem auf die Männer zu blasen. Hercules hält seinen Atem an, um kein Gift abzubekommen, und beginnt mit seiner schweren Keule auf die Köpfe des Ungeheuers einzuschlagen. Während er so kämpft, schlägt ein Riesenkrebs, der von Juno der Hydra zu Hilfe geschickt worden ist, seine scharfen Scheren in den Fuß des Hercules. Der tapfere Mann wird von Schmerz gequält und tötet ihn mit einem Fußtritt. Schon sah sich Hercules als Sieger, als Iolaus rief: »Wir müssen den Kampf abbrechen, Hercules! Auch wenn du noch so viele Köpfe einschlägst, ihre Zahl wird nicht weniger. Da, sieh: Immer wieder wachsen neue Köpfe nach! Die Hydra ist unüberwindlich!«
Dadurch wurden die Helden gezwungen, sich zurückzuziehen, um Atem zu schöpfen und zu überlegen. Iolaus: »Was sollen wir tun? Wenn die Köpfe nicht immer von

neuem wachsen würden, wäre unsere Arbeit einfach. Wie können wir verhindern, dass sie wachsen?« Nachdem Hercules vieles bei sich überlegt hatte, sagte er: »Bringe brennende Baumäste herbei, Iolaus! Brenne die Wunden damit aus, die ich dieser Bestie zufüge. So wollen wir verhindern, dass die Köpfe wachsen.«
Das machen sie. Der Kampf beginnt wieder, Hydra wird endlich besiegt. Den letzten Kopf, der unsterblich war, vergruben sie unter einem großen Felsen. Dann tauchte Hercules seine Pfeile ins todbringende Blut der Hydra.

Text 2 Das Ende des Hercules

Einst kam Hercules mit seiner Frau Deianira unterwegs an einen derart reißenden Fluss, dass er zu Fuß nicht zu überqueren war. Nessus, ein Zentaur, der zufällig da war, versprach, die Frau auf seinem Rücken ans andere Ufer zu tragen. Hercules versuchte als kräftiger Mann, hinüber zu schwimmen, als er plötzlich seine Frau schreien hörte und sah, wie der Zentaur sie forttrug, um der Frau Gewalt anzutun.
Zornig schießt Hercules einen Pfeil ab und trifft Nessus. Sofort dringt das Gift der Hydra in sein Blut und seinen Körper ein. Vor seinem Tod gab Nessus der Deianira den Rat, sein vom Blut der Wunde beflecktes Untergewand mitzunehmen: »Wenn du einmal«, sagte er, »an der Liebe deines Mannes zweifeln wirst, dann sorge dafür, dass er dies anzieht. Das wird deinen Mann zwingen, sofort zur Liebe zu dir zurückzukehren.«
Nach vielen Jahren gab ihm Deianira jenes Kleid, weil sie fürchtete, von Hercules verlassen zu werden. Sobald er es angezogen hatte, drang das Gift der Hydra in seinen Körper. Hercules empfand ungeheure Schmerzen und versuchte, das Kleid wieder auszuziehen. – Vergeblich. Schließlich musste er einsehen, dass sein Lebensende gekommen war. Er forderte seine Freunde auf, einen großen Scheiterhaufen zu errichten. Sobald er ihn mit festem Mut bestiegen hatte, entzündeten den Scheiterhaufen von Iuppiter geschleuderte Blitze. Dann ließ der Vater seinen tapferen und im ganzen Erdkreis hoch berühmten Sohn mit einem Viergespann zum Olymp hochfahren, damit er ein Gott in der Familie der Götter sei.

1 Lektion 24: Dialog; Lektion 25: Erzählung.

2 1. Auftragsbeschreibung: Z. 1–10a; Auftragserledigung: Z. 10b-33. Teil I: Imperfekt: beschreibt die Situation – Teil II: Perfekt, Präsens: Perfekt bezeichnet die einzelnen Aktionen, Präsens die dramatische Handlung.
2. Iuno war eifersüchtig; denn Hercules war der Sohn ihres Mannes (des Iuppiter) und der Alcumena.
3. monstrum crudele, in paludibus habitabat, e corpore capita duodecim serpentium surgebant, spiritum pestiferum mittebant, numerus eorum (capitum) non minuitur, insuperabilis, sanguine pestifero
4. Die Hydra erscheint als Ungeheuer mit Schlangenarmen, hier eher in Gestalt einer Riesenkrake.

5. Hercules nähert sich dem Sumpf und bittet die Bewohner, sich in Sicherheit zu bringen (Z. 10–13) – Hydra greift an, Hercules hält den Atem an und schlägt auf sie ein (Z. 14–17) – Ein Krebs unterstützt die Hydra, Hercules tötet ihn (Z. 17–19) – Iolaus weist Hercules darauf hin, dass die Köpfe nachwachsen, Rückzug zur Beratung (Z. 20–30). Erneuter Kampf: Der unsterbliche Kopf wird unter einem Stein begraben; Hercules präpariert seine Pfeile (Z. 31–33).

3 1. Die vergifteten Pfeile (Z. 9), das Gift der Hydra (Z. 15–16).
2. Das Gift, in das Hercules am Ende von Text 1 seine Pfeile taucht, spielt in Text 2 eine zentrale Rolle.

4 1. Hercules befreit die Menschen von Schrecken, erweist sich als stark, standhaft und listig. Andererseits ist er ausschweifend, jähzornig und unbeherrscht bis zur Raserei (vgl. Sachtext S. 183–184).
2. Z.B.: Sympathisch dadurch, dass er den Menschen hilft, unsympathisch durch seine Unbeherrschtheit.

5 Konj. Präs.: *inveniat, habeam, demonstres, adiuvet, retineatur, violemini, postules, eat, possit, relinquatur, pareat*
Konj. Imperf.: *perderet, liberares, redderet, esset, ires, posset, relinqueretur, pararetur*

6 1. Wenn ich könnte, würde ich verhindern, dass dies geschieht. 2. Wenn ich König wäre, wäre ich nicht hier. 3. Wenn du dies sagen würdest, würdest du irren. 4. Wenn Aulus nicht so grausam wäre, würde er nicht sagen, dass er Lucius vor Gericht bringen werde. 5. Wenn Lucius den restlichen Teil des Geldes hätte, würde er ihn sofort Aulus geben. 6. Wenn die Grausamkeit des Aulus Lucius nicht zwingen würde, würde er den Vater der Camilla nicht um Hilfe bitten.

7 1. ..., si nullum bellum in orbe terrarum esset. 2. ..., si omnes homines magna in concordia et pace viverent. 3. ..., si nemo fame vexaretur. 4. ..., si omnes liberi a parentibus amarentur. 5. ..., si nemo ab iniustis dominis opprimeretur. 6. ..., si homines naturam incolumem servarent. 7. ..., si nulla bestia ab hominibus vexaretur.

8 1. Nachdem Hercules von König Eurystheus den Einwohnern zu Hilfe geschickt worden war, näherte er sich dem Sumpf. – Hercules näherte sich, von König Eurystheus den Einwohnern zu Hilfe geschickt, dem Sumpf. – Hercules wurde von König Eurystheus den Einwohnern zu Hilfe geschickt und näherte sich deshalb dem Sumpf.
2. Nachdem ein riesiger Krebs von Iuno der Hydra zu Hilfe geschickt worden war, bohrte er seine scharfen Zangen in den Fuß des Hercules. – Ein riesiger Krebs bohrte, von Iuno der Hydra zu Hilfe geschickt, seine Zangen in den Fuß des Hercules. – Ein riesiger Krebs wurde von Iuno der Hydra zu Hilfe geschickt und bohrte seine Zangen in den Fuß des Hercules.

3. Nachdem/weil der tapfere Mann von Schmerz gequält worden ist, tötete er den Krebs. – Der tapfere Mann tötete von Schmerz gequält den Krebs. – Der tapfere Mann wurde von Schmerz gequält und tötete den Krebs. – Unter Schmerzensqualen tötete der tapfere Mann den Krebs.
4. Hercules schoss einen Pfeil, weil der Zorn ihn dazu trieb. – Hercules schoss vom Zorn getrieben einen Pfeil. – Hercules wurde vom Zorn getrieben und schoss deshalb einen Pfeil. – Aus Zorn schoss Hercules einen Pfeil.
5. Weil heftiger Schmerz Hercules quälte, befahl er, einen großen Scheiterhaufen aufzurichten. – Von heftigem Schmerz gequält, befahl Hercules, einen großen Scheiterhaufen aufzurichten. – Hercules wurde von heftigem Schmerz gequält und befahl deshalb, einen großen Scheiterhaufen aufzurichten. – Unter heftigen Schmerzensqualen befahl Hercules einen großen Scheiterhaufen aufzurichten.

9

Hauptsatz	Gliedsatz 1. Ordnung	Gliedsatz 2. Ordnung
1. Hercules		
auxilio missus		
cum Iolao,		
Iphiclis filio,		
	qui eum comitabatur,	
		ut ei in periculis adesset.
… appropinquavit.		
2. Hercules,		
vir magni roboris,		
tranatabat,		
	cum uxorem clamare audivit	
	centaurumque eam auferre vidit,	
		ut feminae vim afferret.

Lektion 26

Text 1 Ein Abstieg in die Unterwelt

Einst lebte der Dichter Orpheus in Thrakien. Diesem hatten die Götter eine herrliche Kunst verliehen: Mit seinen Liedern, die er zur Harfe sang, erfreute er nicht nur die Menschen, sondern auch die Tiere; ja sogar Bäume und Steine rührte er so sehr, dass sie sich freuten, Schmerz fühlten, lachten, weinten wie Menschen.
In diesen Dichter verliebte sich Eurydice, eine sehr schöne Frau aus Thrakien, und heiratete ihn. Aber das Schicksal schuf bald ein Ende ihres Glücks, nicht aber ein

Ende ihrer Liebe. Als Eurydice mit Freundinnen über eine Wiese spazierte, wurde sie von einem Schlangenbiss verletzt und starb sogleich am Gift.
Orpheus verfiel in schwere Trauer über den Tod seiner Frau und beschuldigte mit harten Worten die Götter: »Wer von euch, Götter, kann mir sagen, warum ihr so grausam seid? Warum werden die Menschen immer von euch gequält? Wer von euch hat die arme Eurydice und mich zu Grunde gerichtet?«
Nachdem Orpheus so sein trauriges Schicksal beweint hatte, sagte er: »Nichts nützen meine Worte. Warum spreche ich nicht (selber) die Götter der Unterwelt an, dass sie mir meine Frau zurückgeben?« – Er begab sich zum Tor von Taenaria, wo es zum Orcus, dem Reich der Unterwelt, hineingeht. Mit seinen Liedern besänftigte er sogar den dreiköpfigen Hund Cerberus, der am Tor wachte, sodass er den tapferen Mann zur Unterwelt hinabsteigen ließ. Endlich gelangte er durch die Scharen der Seelen, die körperlos durch die Finsternis wandern, zu Pluto, dem König der Unterwelt, und seiner Frau Proserpina.

Text 2 Holt Orpheus Eurydice aus dem Totenreich zurück?

Da staunte Pluto, dass ein Mensch als Lebender bis hierhin vorgedrungen war: »Ich frage dich, auf welchem Wege du in unser Reich eingedrungen bist und in welcher Absicht du das ewige Gesetz der Götter brichst.« Orpheus: »Du fragst mich, Pluto, warum ich hierher gekommen bin. Bestimmt bin ich nicht in die Unterwelt hinabgestiegen, um vor meiner Zeit diese scheußlichen Orte zu besichtigen. Der Grund meines Kommens ist meine Gattin. Ich frage, warum Eurydice, meine jung verheiratete Frau, mir entrissen wurde. Den Schmerz konnte ich nicht ertragen: Amor hat gesiegt! Dieser Gott ist ja auch an diesen Orten nicht ganz unbekannt, denn auch dich und Proserpina hat die Liebe verbunden, wie die Sage berichtet. Mir ist klar, dass wir Menschen später oder früher zu eurem Wohnsitz kommen werden und dass für alle dieses Haus die letzte Wohnung ist. Ist es denn Eurydice und mir nicht gestattet, dann hierher zu kommen, wenn wir eine angemessene Zahl an Lebensjahren vollendet haben?« Und er besang mit der Lyra seine Liebe und seinen Schmerz.
Er rührte Plutos Gemüt, er rührte Proserpinas Gemüt: Sie rufen Eurydice herbei. Orpheus solle zum Tageslicht vorangehen, Eurydice hinter ihm gehen, so befahlen sie; aber sie fügten ein hartes Gesetz hinzu: »Wende deine Augen unterwegs nicht zurück! Sonst wird alles vergebens sein.«
Orpheus ging den steilen, dunklen, langen Weg voran. Schon waren sie nicht weit vom Tor von Taenaria, schon sahen sie Sonnenlicht, als jener von Verlangen getrieben seine Frau sehen wollte und die Augen zurück wandte. – Vergeblich versuchte Eurydice die Hand ihres Mannes zu berühren; sie sagte ein letztes »Lebewohl!« Dann ging sie zur Unterwelt zurück, durch die allzu große Liebe ihres Mannes zum zweiten Mal getötet.

1
1. Fähigkeit als Sänger: Orpheus bringt Tiere, Bäume und Steine zum Lachen und Weinen.
2. Z. 18–21: Er verschafft sich damit Zugang zur Unterwelt.

2 1. *amor:* Liebe
2. Die Götter sind grausam, weil sie die Menschen quälen und ins Verderben stürzen. Rhetorische Fragen; Anapher: *quis vestrum ..., quis vestrum* (Z. 12, 14).

3 Sein Schmerz und das zentrale »Argument« *amor*, die Liebe zu seiner Gattin, die er gerade erst geheiratet hatte; auch die Götter kennen die Liebe, wie der Raub der Proserpina zeigt; Eurydice wird früher oder später in die Unterwelt kommen; ihr Tod ist jetzt aber verfrüht.

4 1. In der Unterwelt, die vom Höllenhund bewacht wird, leben die Seelen der Verstorbenen ohne ihren Körper im Dunkeln. Der Weg zur Oberwelt ist steil, weit und dunkel.
2. z.B.: christliche Vorstellungen; Seelenwanderung, Wiedergeburt; kein Leben nach dem Tod usw.

5 *»Cur tam crudeles estis, dei?«* (Text 1, Z. 12–13) – Text 2: *»Qua via nostrum regnum invasisti? Quo animo legem aeternam deorum laedis?«* (Z. 3–4) – *»Cur huc veni?« (Z. 5) – »Cur Eurydice nova nupta mihi rapta est?«* (Z. 7).

6 Orpheus interrogat, 1. qua de causa dei homines vexent; 2. cur coniunx sua tam amata veneno serpentis occisa sit; 3. quis deorum se perdere voluerit; 4. iunxeritne deos quoque Amor; 5. sitne Amor hic ignotus; 6. liceatne se uxorem videre.

7 tulerim – poterat – it – ierit – prodiderint – crearetis – laudes – mutatis – duxistis – ferremus – deleretis – expugnatum sit – aedificaverint – renovetur – repellitur – sedet – videtur – relinquaris – traheretis – traxisti – vituperabamur – violatur – nuntiatum sit – superabat

8 1. Ne me tetigeris – tetigeritis. 2. Ne veneris – veneritis. 3. Ne me violaveris – violaveritis. 4. Ne id temptaveris – temptaveritis. 5. Ne gemueris – gemueritis. 6. Ne id feceris – feceritis. 7. Ne me incitaveris – incitaveritis. 8. Ne pila luseris – luseritis. 9. Ne hic nataveris – nataveritis. 10. Ne id toleraveris – toleraveritis.

9 1. Reihe: Bacchus (Dionysos): Wein; Iuppiter (Zeus): Blitz, Szepter als Zeichen der Macht; Diana (Artemis): Jagd. 2. Reihe: Mars (Ares): Krieg; Ceres (Demeter): Fruchtbarkeit, Ernte; Merkur (Hermes): Götterbote, Gott der Kaufleute und Diebe; 3. Reihe: Apollo(n): Gott der Musen und des Orakels in Delphi; Venus (Aphrodite): Schönheit, Liebe.

Lektion 27

Text 1 Penelope am Webstuhl

Oh, Odysseus. Warum ist die Erinnerung an deine Frau aus deinem Gedächtnis entschwunden? Du weißt wohl nicht, wie viele Jahre lang und mit welcher Sehnsucht ich dich erwartet habe? Als ich erfuhr, dass Troja nach zehnjähriger Belagerung endlich erobert worden war, wie glücklich war ich an jenem Tage! Dann endlich durfte ich hoffen, dass du innerhalb weniger Monate nach Hause zurückkehren würdest. ... Jedesmal, wenn gemeldet wurde, irgendein Schiff sei an der Küste Ithacas gelandet, glaubte ich, dass du in diesem Schiff seist. Die Griechen, die die Kämpfe überlebt hatten, sind in ihre Heimat zurückgekehrt und mit höchster Freude von den Ihren empfangen worden. Ich aber habe meinen Mann vergebens erwartetet. Du bist immer noch nicht da, obwohl ich genau weiß, dass du Troja schon vor fast zehn Jahren verlassen hast. Man erzählt sogar, dass du neulich irgendwo gesehen worden bist ... Vielleicht hat dich die Liebe zu einer anderen gefesselt ... Kein Wunder – es ist wahr, dass ich jetzt alt bin. Aber warum verlangt es dich nicht wenigstens nach deinem Sohn Telemachus, nicht nach Laertes, deinem alten Vater? Diese jedenfalls entbehren dich nicht weniger als deine Gattin.

Oh, wenn Paris Helena nicht geraubt hätte! Wenn die Fürsten der Griechen nicht von Menelaus versammelt worden wären, um nach Asien zu gehen und an den Trojanern Vergeltung zu üben. – Dann wärest du zu Hause geblieben, wir hätten zusammen weitergelebt, Telemachus zusammen heranwachsen sehen – wir wären glücklich gewesen!

Aber Paris hat Helena entführt, Menelaus ist allzu begierig auf Rache gewesen, du bist mit den anderen Griechen nach Asien gesegelt.

Oh, wie viele Menschen sind vor Troja gefallen, oh, wie viele Ehefrauen, Eltern, Kinder sind von Ängsten und Schmerzen gequält worden! Und warum? – Wegen der gekränkten Ehre eines einzigen Mannes!

Text 2 Die Freier der Penelope

Hörst du denn nicht diese Männer da in deiner Königshalle herumschreien und singen? Als sie gesehen hatten, dass dein Königreich des Königs beraubt war, kamen viele her, um mich, deine Frau, zu heiraten, um auf diese Weise selber an die Herrschaft zu kommen. Wenn sie geglaubt hätten, dass du heimkehren würdest, wären sie nicht hierher gekommen und wären nicht so unverschämt. Nun aber missbrauchen sie das Gastrecht, schlachten unsere Herden, trinken unseren Wein. Sie feiern die Tage und die Nächte durch. Selbst wenn einer der Freier mir gefiele, es ist Pflicht der Mutter, die Herrschaft für den Sohn zu erhalten. Deshalb habe ich mir eine List ausgedacht: Ich müsse das Leichengewand für deinen Vater Laertes weben, sagte ich, sonst dürfe ich keine (neue) Heirat eingehen. Und so webe ich tagsüber am Gewand, aber nachts, wie im Augenblick, löse ich es heimlich wieder auf. Ich weiß nicht, wie

lange ich die Freier mit dieser List täuschen kann. Ich weiß nicht, was sie machen werden, wenn sie den Betrug entdecken.
Ich höre Stimmen und Schritte von Menschen näher kommen ... Weh mir!

1
1. Z. 1–15 Vergangenheit – Z. 16–21 gegenwärtige Situation – Z. 22–33 Vergangenheit.
2. (Raub der Helena, Sammlung des Heeres durch Menelaos,) Abfahrt der Griechen, Fahrt nach Troja, 10 Jahre dauernde Belagerung Trojas, Kampf um Troja, Eroberung Trojas, Heimfahrt bis nahe an Ithaka, Rückkehr vieler anderer Griechen, 10 Jahre dauernde Irrfahrt. Zwischen Abfahrt und letztem Ereignis liegen 20 Jahre. Penelope spricht kurz vor der Rückkehr des Odysseus; sie muss mindestens ca. 40 Jahre alt sein.
3. Z. 22–26; Raub der Helena, Rache der Griechen, insbesondere des Menelaos.

2 Die Freier nützen die Gastfreundschaft aus und bedrängen Penelope, sie solle heiraten. Sie erfindet eine List, befürchtet aber, entdeckt zu werden. Wenn sie gezwungen würde, das Gewebe fertigzustellen, müsste sie auch heiraten.
Die Asyndeta (Z. 8–9) heben hervor, wie sehr die Freier die Gastfreundschaft missbrauchen. Die Anapher *ignoro, ignoro,* Z. 16–17, betont die Ratlosigkeit, in der sich Penelope befindet.

3 Das Vasenbild S. 193 zeigt Penelope in nachdenklicher Haltung am Webstuhl. Der anwesende junge Mann kann nur ihr Sohn Telemach sein, mit dem sie die missliche Lage der Familie des Odysseus erörtert.

4 Penelope spricht einerseits mit sich selbst, andererseits spricht sie im Stillen mit Odysseus, macht ihm Vorwürfe, überlegt, wie ihr gemeinsames Leben ohne den trojanischen Krieg verlaufen wäre, bedenkt ihre eigene Situation.

5 Text 1, Z. 5–6: Zeit (temporal); Z. 9: Zeit (temporal); Z. 14: Gegengrund (konzessiv); Text 2, Z. 3: Zeit (temporal) oder Grund (kausal).

6
1. Nachdem die Sabiner von Romulus begrüßt worden waren, wurden sie durch die neue Stadt geführt. – Zeit (temporal)
2. Weil die jungen Frauen von den Römern geraubt worden waren, wurden die Sabiner von deren Eltern zum Krieg angestachelt. – Grund (kausal)
3. Als/weil Ödipus seine Schande erkannt hatte, blendete er sich eigenhändig. – Zeit/Grund (temporal/kausal)
4. Antigone bestattete ihren Bruder, obwohl Creon befohlen hatte, dass Polynices unbestattet bleiben solle. – Gegengrund (konzessiv)
5. Antigone erfüllte diese Pflicht, weil das göttliche Recht und die Sitte der Vorfahren es befohlen hatten. – Grund (kausal)

6. Weil Iuppiter wusste, dass Alcumena ihren Mann liebte, erfand er eine List. – Grund (kausal)
7. Obwohl Herkules die Köpfe der Hydra zerschlug, verminderte sich ihre Zahl nicht. – Gegengrund (konzessiv)

7
1. e) Wenn Menelaos nicht so rachsüchtig gewesen wäre, wie viele Ehefrauen, Eltern und Kinder wären dann nicht von Schmerzen gequält worden?
2. f) Wenn Penelope von der Liebe zu einem anderen Mann ergriffen worden wäre, hätte sie den Königsthron für ihren Sohn nicht bewahren können.
3. a) Wenn Odysseus nicht nach Hause zurückgekehrt wäre, hätte Penelope einen der Freier geheiratet.
4. c) Wenn Paris nicht Helena geraubt hätte, hätte vielleicht ein anderer sie geraubt.
5. d) Wenn Odysseus zu Hause geblieben wäre, hätte er dann etwa ein angenehmes Leben geführt?
6. b) Wenn Odysseus nicht nach Troja gefahren wäre, wäre er dann etwa zu Hause geblieben?

8 Wenn du geschwiegen hättest, wärest du ein Philosoph geblieben. (So hat aber jeder gemerkt, dass es mit deiner Weisheit nicht allzu weit her ist.)

9
- Es gab durchaus andere Frauen in Odysseus' Leben: z.B. Calypso und Circe.
- Ja, sie bemerkten ihn und Penelope musste das Gewebe fertig stellen, sodass die Situation für sie immer schwieriger wurde.
- Sie werden von Odysseus getötet.

Lektion 28

Für und Wider

Die Gesandten trugen mit eindrucksvollen Worten die Sorgen ihres Staates vor. Als die Konsuln ihre Worte gehört hatten, versprachen sie Hilfe.
Inzwischen wurden die Gesandten in die Häuser der römischen Adligen eingeladen, und Carneades, jener hochberühmte Philosoph der Athener, wurde gebeten, einen Vortrag über das Wesen der Götter zu halten.
Carneades: »Da ich von euch, ihr Römer, gefragt worden bin, ob es Götter gebe, antworte ich: ›Ja – es gibt sie.‹ Nach meiner Meinung jedenfalls sorgen unsterbliche Götter für die Dinge der Menschen und regieren die ganze Welt. Deshalb verehren die Menschen nicht nur zu Recht die Götter mit Opfern, sondern bewahren auch Treue, Gerechtigkeit und Frömmigkeit, die uns von den Göttern gegeben sind. Dieselben (Tugenden) schaffen auch gute und gerechte Staaten. Wenn ihr, Römer, nicht die Frömmigkeit gegenüber den Göttern bewahrt hättet und wenn ihr nicht morali-

sches Verhalten und Gerechtigkeit gepflegt hättet, hätte eure Republik niemals einen so großen Ruhm erlangt.« Nachdem sie so schmeichelhafte Worte gehört hatten, freuten sich alle.
Als am folgenden Tage Carneades erneut eingeladen worden war, einen Vortrag zu halten, kamen noch viel mehr Leute zusammen, weil sich sein Ruhm in der ganzen Stadt verbreitet hatte. Nachdem Stille eingetreten war, sagte Carneades: »Gestern habt ihr mich gefragt, ob es Götter gebe. Ich sagte, es gebe sie. Heute werde ich euch zeigen, dass es keine Götter gibt. – Denn wenn Götter existierten, würden sie die Welt bestens lenken. Aber ich frage euch: Wird etwa die Welt bestens regiert? Seht ihr etwa, dass die Götter Verbrecher von Übeltaten abhalten oder sie bestrafen? – Da es offenbar so ist, dass die Götter nichts tun, schlafen sie entweder, oder es gibt sie überhaupt nicht. Deshalb bewegt die Menschen nur eine unbegründete Furcht vor den Göttern. Vielmehr: Da es eine Fürsorge der Götter nicht gibt, ist es Sache der Menschen, Gesetze zu geben, ist es Sache der Menschen, schlechte Bürger und schlechte Staaten zu zügeln. Aus diesem Grunde habt ihr, Römer, die Grenzen eurer Herrschaft ausgedehnt und gebt fremden Völkern Gesetze. Auf diese Weise hat eure Republik so großen Ruhm erlangt. Deshalb waren (dazu) Götter nicht nötig und sind nicht nötig.«
Obwohl sie diese gottlosen Worte gehört hatten, wurde der Vortrag des Carneades von einigen dennoch gelobt. Vor allem die jungen Leute freuten sich, dass eine Sache nach beiden Seiten hin diskutiert worden war. Aber da die Senatoren glaubten, dass die Sitten der Vorfahren durch jene griechische Philosophie zerstört würden, beriefen sie den Senat ein und befahlen Carneades und allen Philosophen, Rom zu verlassen.

1

1. Einleitung: Z. 2–6; 1) Erörterung des Themas: Z. 7–15; Reaktion: Z. 16–18; 2) Erörterung des Themas: Z. 19–30; Reaktion: Z. 31–36.
2. Die Einleitung stellt die Gesandtschaft, insbesondere Carneades, vor, nennt ferner die Zuhörerschaft und das Thema der Erörterung.
3. Thema: *natura deorum,* das Wesen der Götter
   1) Erörterung (Z. 7–15): These (Z. 7–9); Folgerung und Begründung (Z. 9–15)
   2) Erörterung (Z. 19–30): These (Z. 19–21); Begründung (Z. 21–30)

2

1. These 1: Es gibt die Götter (*sunt,* Z. 8); sie kümmern sich um die Menschen und regieren die Welt (*humanas res curant et mundum totum regunt,* Z. 9). Begründung: Der römische Staat hätte nicht solchen Ruhm erlangt, wenn die Römer die Götter nicht geachtet und verehrt hätten (*pietatem erga deos servavissetis bonosque mores iustitiamque coluissetis,* Z. 13–14). These 2: Es gibt keine Götter (*deos non esse,* Z. 20–21). Begründung: Die Welt wird nicht auf beste Weise regiert (*num mundus optime regitur?* Z. 22). Die Götter verhindern nicht, dass Böses geschieht (*num deos homines scelestos a maleficiis prohibere,* Z. 22–23). Weil es keine Götter gibt, mussten sich die Römer selbst die Gesetze setzen und schufen sich so durch eigene Kraft ein großes Reich (*hominum est leges dare,* Z. 26).

2. Über die 1. Rede freut man sich. Diese These trifft auf keinen Widerstand, weil sie der offiziellen Meinung entspricht. Die 2. Rede erregt insbesondere bei den Senatoren Anstoß; sie untergräbt die Überlieferung und den Glauben der Vorfahren. Auch die Art, wie Carneades die Frage erörtert, wird abgelehnt: Man kann nicht über eine Sache zwei kontradiktorische Auffassungen gleichzeitig vertreten. Einige junge Leute freuen sich jedoch an der kritischen und dialektischen Betrachtung der Frage, ob es Götter gibt oder nicht.

3 Antike: halbnackt, einfache Kleidung, Wanderstab, Bart. Raffael: Kleidung vergleichbar. Sie diskutieren in einem monumentalen Gebäude, denken in sich versunken nach, schreiben.

4 Menschen untereinander: *fides, iustitia, pietas, boni mores, leges, cives malos coercere, leges populis alienis imponere*. Götter – Menschen: *humanas res curant; fidem, iustitiam, pietatem dant.* Menschen – Götter: *deos sacrificiis colunt; timor vanus deorum.*

5 Z. 3 *verbis eorum auditis:* Zeit (temporal); Z. 4 *legatis per domos Romanorum nobilium invitatis:* Zeit (temporal); Z. 16 *verbis tam blandis auditis:* Zeit (temporal); Z. 17–18 *fama illius totam per urbem diffusa:* Zeit (temporal) oder Grund (kausal); Z. 19 *silentio facto:* Zeit (temporal); Z. 28 *finibus imperii prolatis:* Zeit (temporal); Z. 31 *his verbis impiis auditis:* Gegengrund (konzessiv): Z. 34–35 *senatu convocato:* Zeit (temporal).

6 z.B.: 1.a) Nachdem die Griechen mit größter Freude von den Ihren empfangen worden waren, feierten sie ein Fest. – b) Weil die Griechen mit größter Freude von den Ihren empfangen worden waren, vergaß jeder schnell die Mühen der Heimfahrt. – c) Obwohl die Griechen mit größter Freude von den Ihren empfangen worden waren, fanden sich viele in ihrer Heimat nur schwer wieder zurecht.

2. a) Nachdem Troja verlassen worden war, segelten die Griechen auf verschiedenen Wegen nach Hause. – b) Weil Troja verlassen worden war, kümmerte sich niemand um die Toten. – c) Obwohl Troja verlassen worden war, blieben dennoch einige Überlebende zurück.
3. a) Nachdem Helena geraubt worden war, rief Menelaos die Griechen zusammen. – b) Weil Helena geraubt worden war, forderten die Griechen Rache. – c) Obwohl Helena geraubt worden war, hätten die Griechen keinen Krieg beginnen dürfen.
4. a) Nachdem die Anführer der Griechen von Menelaos zusammengerufen worden waren, begann Odysseus zu reden. – b) Weil die Anführer der Griechen ... zusammengerufen worden waren, gab es in ganz Sparta kein freies Hotelzimmer mehr. – c) Obwohl die Anführer der Griechen ... zusammengerufen worden waren, blieb das große Verkehrschaos aus.
5. a) Nachdem viele Menschen getötet worden waren, wurde Troja endlich erobert. – b) Weil viele Menschen getötet worden waren, wollte Helena ein Ende des

Kriegs. – c) Obwohl viele Menschen getötet worden waren, dachte niemand daran, den Krieg zu beenden.

6. a) Nachdem Ehefrauen, Eltern und Kinder von Schmerzen gequält worden waren, fiel Troja im 10. Jahr der Belagerung. – b) Weil Ehefrauen, Eltern und Kinder von Schmerzen gequält worden waren, war Helena die meistgehasste Frau Griechenlands. – c) Obwohl Ehefrauen, Eltern und Kinder von Schmerzen gequält worden waren, wurden die Toten des Krieges schnell vergessen.
7. a) Nachdem das Königreich seines Königs beraubt worden war, wollte keiner den Thron übernehmen. – b) Weil das Königreich seines Königs beraubt worden war, entstand Chaos im Land. – c) Obwohl das Königreich seines Königs beraubt worden war, vermisste niemand den Monarchen.
8. a) Nachdem die Festtage gefeiert worden waren, trat wieder der Alltag ein. – b) Weil die Festtage gefeiert worden waren, war jeder am nächsten Montag müde. – c) Obwohl die Festtage gefeiert worden waren, hatte sich doch keiner erholt.
9. a) Nachdem die List ersonnen worden war, begann man mit dem Bau des Pferdes. – b) Weil die List ersonnen worden war, eroberten die Griechen Troja. – c) Obwohl die List ersonnen worden war, glaubte kaum ein Grieche an ein baldiges Ende des Krieges.
10. a) Nachdem man den Betrug erkannt hatte, versuchte man sich zur Wehr zu setzen. – b) Weil man den Betrug erkannt hatte, versuchte man, Sino zu töten. – c) Obwohl man den Betrug erkannt hatte, konnte die Eroberung Trojas nicht mehr verhindert werden.

7 1. – 2. Nach Aufgabe Trojas – auf Grund der Aufgabe Trojas – trotz der Aufgabe Trojas; 3. Nach dem Raub der Helena; 4. – 5. Nach dem Tod vieler Menschen; 6. – 8. Nach den Feiertagen – auf Grund der Feiertage – trotz der Feiertage. 9. Nach Erfinden einer List – auf Grund einer List – trotz Erfindung einer List. 10. Nach Entdekkung des Betrugs – auf Grund der Entdeckung des Betrugs – trotz Entdeckung des Betrugs.

8 Nach der Eroberung Griechenlands durch die Römer kamen viele griechische Sklaven nach Rom, die auch den wenig angesehenen Beruf des Lehrers ausübten. So hat die griechische Literatur, Kultur und Philosophie in Rom Einzug gehalten und den »wilden Sieger«, der bislang sich nur wenig mit Literatur und Theater und schon gar nicht mit Philosophie beschäftigte, »bezwungen«.

9 Es gibt viele Möglichkeiten.

Lektion 29

Text 1 Sokrates

Sokrates, dessen Mutter die Hebamme Phainarete und dessen Vater der Bildhauer Sophroniskos war, galt nicht nur nach der übereinstimmenden Meinung der Menschen, sondern auch nach dem Orakel des (Gottes) Apollo als der weiseste (Mensch). Er riet (nämlich) den Menschen, von den unsterblichen Göttern nichts anderes zu erbitten als das Gute. Denn während die Götter wissen, was für uns gut und nützlich ist, erbitten wir meistens von ihnen, was uns schadet.
Denn du, Geist der Sterblichen, umhüllt von den Schatten des Irrtums und der Unwissenheit, wünschst dir viel Falsches. Du strebst nach Reichtum, obwohl er viele vernichtet, du wünschst dir Ehren, obwohl sie viele verderben. Hör endlich auf, dich um törichte und trügerische Dinge zu bemühen! Überlass dich dem Urteil der Götter! Wenn (allein) die Götter die Güter auswählen und zuteilen, wirst du zur Tugend gelangen.

Text 2 Die Verteidigungsrede des Sokrates

Was hat mir nun diesen üblen Ruf eingebracht? Hört, ihr Richter! Aus keinem anderen Grunde habe ich jenen üblen Ruf bekommen als wegen einer gewissen Weisheit. – Aber worin besteht diese Weisheit, die das Orakel des Apollo mir zugesprochen hat? Als dieses Orakel gegeben worden war, dachte ich bei mir: »Ich weiß eigentlich genau, dass ich nicht weise bin. Was also hat der Gott mit diesen Worten gemeint?«
Schließlich begann ich, auf folgende Art und Weise wegen des Orakels mich zu erkundigen: Ich suchte einen vornehmen Mann auf, der allen und besonders sich selbst weise zu sein schien, um zu zeigen: Dieser Mann ist weiser als ich. Wie ich ihn nun betrachtete und fragte und auf die Probe stellte – ich nenne ihn nicht; es war einer von denen, die zu den Politikern gehörten, – erkannte ich, dass dieser Mann zwar weise (zu sein) schien, es aber nicht war. Und das zeigte ich ihm, wobei viele zuhörten. So wurde ich nicht nur ihm, sondern auch vielen anderen Bürgern verhasst.
Im Weggehen dachte ich bei mir: Dieser glaubte zwar, etwas zu wissen – ohne (etwas) zu wissen. Ich aber – der ich nichts weiß – glaube, dass ich nichts weiß.
Auf dieselbe Weise fragte ich viele, ob sie etwas wüssten. Schließlich fragte ich die Handwerker. Denn ich war überzeugt, dass sie mit großer Weisheit viele schöne Dinge schaffen könnten, die ich nicht machen kann. Aber jene, die bewundernswerte Werke schaffen, glaubten, dass sie auch in den übrigen Dingen die Weisesten seien, was sie (aber) nicht waren. Als ich auch ihnen das gezeigt hatte, erwuchsen mir so große Feindschaften, dass ich nun vor Gericht gestellt worden bin.

1 1. a) Sokrates' Herkunft und Kern seiner Lehre. b) Wahre und falsche Ziele.
2. Abstammung: Sohn eines Steinmetz und einer Hebamme; galt als klügster Mann seiner Zeit.

2 1. Erstrebenswertes: *bonum, utile, bona, virtutem.*
Zu Vermeidendes/Schlechtes: *quod nobis nocet, multa falsa, divitias, honores, stultis atque fallentibus rebus.*
2. Höchstes Ziel: Das wahre Gute, die sittliche Vollkommenheit, die den Menschen wirklich nützt. Zu meiden ist: das Schädliche, falsche Güter wie der Reichtum und die Ehren, die die Menschen korrumpieren und auf falsche Wege führen.
Die Einschätzung der Bewertung des Autors kann persönliche Erfahrungen der Schüler, Beispiele aus der Politik usw. einbeziehen.

3 1. Wie ist diese Verleumdung entstanden? Was ist unter der Weisheit zu verstehen, die das Orakel mir zugesprochen hat? Was will der Gott mit seinem Orakel sagen?
2. quaerere, inspicere, interrogare, inquirere, demonstrare

4 1. Er sagt, er sei nicht weise (Z. 7).
2. Der Politiker scheint nur weise zu sein, ist es aber nicht (Z. 13).
3. Sokrates weiß nichts, bildet sich aber auch nicht ein, etwas zu wissen (Z. 16/17).

5 1. Sie können greifbare, schöne Ergebnisse vorweisen (Z. 18–20).
2. Weil sie offenbar in ihrem Fach Kenntnisse besitzen, meinen sie, auch in allem anderen weise zu sein, was sie aber nicht sind (Z. 20–21).
3. Wieder unterscheidet sich Sokrates dadurch, dass er im Gegensatz zu den Handwerkern sich auch nicht einbildet, etwas zu wissen.

6 Die *sapientia*, die der delphische Gott ihm zugesprochen hat, bewegt Sokrates zu seinen Nachforschungen. Dabei macht er sich bei allen möglichen Leuten, denen er nachweist, dass sie sich nur einbilden, etwas zu wissen, in Wirklichkeit aber gar nichts wissen, unbeliebt.

7 PPA: deis bona eligentibus et tribuentibus; multis audientibus
PPP: eo oraculo edito

8

R 1	multis hominibus falsa opinantibus	R 8	his rebus diu disputatis
O 2	porta aperta	E 9	discipulis bene discentibus
M 3	hostibus in fines nostros invadentibus	M 10	liberis ludentibus
U 4	anno ineunte	U 11	urbe crescente
L 5	equo aedificato	S 12	Tarquinio expulso
U 6	his verbis dictis		
S 7	cena parata		

9 *cum* mit Konjunktiv: temporal, kausal, konzessiv; *cum* mit Indikativ: temporal; *ut* mit Konjunktiv: final, konsekutiv; *ut* mit Indikativ: temporal, komparativ; *quamquam:*

konzessiv; *postquam:* temporal; *ne* mit Konjunktiv: final; *quia:* kausal; *si/nisi/etsi:* konditional; *ubi:* temporal

Lektion 30

Text 1 Wie lebt ein gesunder Mensch?

Ein gesunder Mensch, der sich wohl fühlt und der seinem eigenen Willen folgt, muss keine Regeln einhalten. Er bedarf weder eines Arztes noch eines Physiotherapeuten. Dieser sollte aber selbst ein abwechslungsreiches Leben führen: Mal auf dem Lande sein, mal in der Stadt, öfter aber auf dem Lande. Segeln, jagen, manchmal ruhen, aber häufiger trainieren.
Er soll keine Strapazen scheuen. Faulheit nämlich schwächt den Körper, Mühe stärkt ihn; jene bringt frühes Alter, diese lange Jugend. Es ist nützlich, manchmal zu baden, manchmal (nur) kaltes Wasser anzuwenden; manchmal sich zu salben, dann aber genau das zu unterlassen.
Ein gesunder Mensch soll dieselben Arten von Speisen zu sich nehmen, von denen sich auch das Volk ernährt. Manchmal nützt es, in Gesellschaft zu sein, manchmal, sich aus ihr zurückzuziehen. Besser ist es, zweimal am Tag Speise zu sich zu nehmen als einmal, und immer so viel wie möglich.

Text 2 Was gehört zur Kunst des Arztes?

Einem Arzt aber, wenn er nicht mehr tut, als dass er meine Hand berührt, wenn er mich genau so behandelt wie die anderen, wenn er ohne Wohlwollen vorschreibt, was ich tun oder vermeiden soll, um gesund zu sein – jenem Arzt schulde ich selbst keinen Dank, weil er mich nicht wie einen Freund ansieht, sondern wie einen Käufer.

Text 3 Einige Sprüche zum Knobeln

Wenn zwei dasselbe tun, ist es nicht dasselbe.
Wer schweigt, scheint einverstanden zu sein.
Nicht zweimal (verhandeln) gegen dasselbe (Delikt)!
Rom hat gesprochen. Die Sache ist erledigt.

1 1. Zu empfehlen ist: *varium habere vitae genus: modo ruri esse, modo in urbe, saepius in agro; navigare, venari, quiescere interdum, frequentius se exercere; labores; interdum lavari, interdum aquis frigidis uti; modo ungui, modo id ipsum neglegere; genera cibi sumere, quibus populus ipse utitur; interdum in convictu esse, interdum ab eodem se retrahere; bis die cibum sumere quam plurimum.*
Zu meiden ist: *ignavia.*

2. *modo, modo, saepius, interdum, frequentius:* Man soll möglichst abwechslungsreich leben, nichts übertreiben.
3. Aufenthaltsort – Bewegung – Arbeit – Körperpflege – Speisen – Gemeinschaft.
4. Im Wesentlichen dürfte ein moderner Arzt Celsus beipflichten, vielleicht würde er das *ungui* nicht für bedeutsam halten. Auch die Feststellung, dass es besser ist, zweimal am Tag als einmal zu essen, würde bestätigt, heute würde man die Empfehlung auf fünfmal, aber jeweils wenig, ausdehnen. *Quam plurimum* sagt Celsus, weil er wohl davon ausgeht, dass man nur zweimal etwas zu essen bekommt, das Essen also länger vorhalten muss.
5. Der *sanus homo* ist ein Mensch, dem es gut geht und der sein Leben selbst bestimmt; er weiß, was für ihn gut ist, muss deshalb keinen Regeln und Diätvorschriften folgen und braucht keinen Arzt oder Physiotherapeuten. Wer gesund ist, muss sich nicht selbst beschränken, er isst von sich aus nicht zuviel und wechselt die Speisen sinnvoll ab.

2 1.

HS	GS 1	GS 2	GS 3
Medico autem,			
	si nihil amplius facit,		
		quam manum meam tangit,	
	si me eodem modo quo ceteros tractat,		
	si sine ulla benevolentia praecipit,		
		quid faciam aut vitem,	
			ut valeam,
illi medico ipse gratiam non debeo,			
	quia me non tamquam amicum videt,		
	sed tamquam emptorem.		

2. Anaphern *(si, si, si),* Antithese (*non tamquam amicum, sed tamquam emptorem*). Ein guter Arzt muss mehrere Bedingungen erfüllen.
3. Seneca erwartet, dass der Arzt den Patienten nicht als Kunden, sondern als Freund behandelt; er erwartet eine Behandlung mit Wohlwollen, eine besondere Behandlung.

3 vereris – vereberis – veritus es – vereréris – veriti sunt – verebimur – verebamur – verens – verere – vereamur – vereremini – veritus erat – veremini – verebuntur

4 waschen/wasche dich! – er (sie, es) gebraucht – gebraucht!/ihr gebraucht – sehend – ihr werdet gesehen/ihr scheint/scheint! – folge! – ihr folgt/folgt! – er (sie, es) wird gesehen/scheint – gebrauche! – ihr fürchtet/fürchtet!

5 1. jener Konsul kommt – der Konsul selbst/persönlich kommt – derselbe Konsul kommt.
2. dasselbe tun – jenes tun – eben/gerade dies tun – dieses da tun.

3. (unter der Mauer selbst) direkt unter der Mauer – unter derselben Mauer – unter dieser Mauer.
4. der Mann selbst/persönlich – derselbe Mann – jener Mann – dieser Mann – dieser Mann da.
5. gib mir jene Tafel – gib mir diese Tafel da – gib mir dieselbe Tafel.

6 Eine Eigenschaft, Beschaffenheit, Fähigkeit, Möglichkeit: -lich, -bar, -haft, -wert. *utilis:* nützlich, brauchbar (*uti*) – beweglich (*movere*) – glaubhaft (*credere*) – beweglich, tätig (*agere*) – liebenswert (*amare*) – lobenswert (*laudare*) – bewundernswert, wunderlich (*mirari*) – erbärmlich (*miser*) – veränderlich (*mutare*) – erträglich (*tolerare*) – kindlich (*puer*).

7 1. c); 2. a); 3. b); 4. c); 5. a); 6. b); 7. a); 8. b)

Lektion 31

Text 1 Auffahrunfall rückwärts

Auf der steilen Auffahrt zum Kapitolshügel zogen Maulesel zwei beladene Lastwagen. Die Mauleseltreiber des oberen Wagens schoben den Wagen fleißig und tüchtig mit, um die Strecke schnell und leicht zurückzulegen. Dennoch rollte jener Wagen rückwärts. Als die Eseltreiber, die (ja) zwischen den beiden Wagen waren, zur Seite gesprungen waren, wurde der hintere Wagen vom vorderen heftig angefahren. Er rollte zurück und tötete einen Sklaven, der zufällig auf derselben Straße ging.
Der Eigentümer dieses Sklaven fragte, gegen wen er prozessieren könne. Die Antwort war: Wenn die Eseltreiber aus eigenem Antrieb zur Seite gesprungen sind und es deshalb geschehen ist, dass die Maulesel den Wagen nicht halten konnten und er allein durch das Gewicht zurückgezogen wurde, dann kann nicht gegen den Eigentümer der Maulesel prozessiert werden, sondern gegen die, die herausgegangen waren. Wenn aber die Maulesel vor etwas scheuten und rückwärts gingen und wenn die Eseltreiber den Wagen losließen, um nicht zerquetscht zu werden, dann kann gegen den Eigentümer der Maulesel geklagt werden.

Text 2 Ein Sportunfall

Mehrere Leute spielten Ball. Einer von ihnen rempelte einen Sklaven, als der den Ball wegzuschnappen versuchte, heftig an. Der Sklave stürzte und brach sich ein Schienbein. Die Frage war, ob der Eigentümer des Sklaven gegen den, durch dessen Rempelei der Sklave gestürzt war, gerichtlich vorgehen könne. Die Antwort lautet, dass er das nicht könne, da es mehr durch Zufall als durch Verschulden passiert zu sein scheint.

Text 3 Fundsache – oder Diebstahl?

Ein Mensch hob ein fremdes Gut, das auf der Straße lag, auf und wagte, es mitzunehmen. Er freute sich über den (unverhofften) Gewinn. Doch er freute sich nicht lange; denn nachdem die Sache bekannt geworden war, wurde er wegen Diebstahls angeklagt. Wer nämlich irgendetwas Fremdes wegträgt, um sich zu bereichern, kann wegen Diebstahls angeklagt werden – ob er nun weiß, wem es gehört, oder nicht. Wenn aber der Eigentümer dieses Gut freiwillig aufgegeben hat, liegt kein Diebstahl vor. Eine freiwillig aufgegebene Sache ist nämlich eine Sache, die niemandem gehört, so dass in diesem Fall kein Diebstahl vorliegt.

Text 4 Geflügelte Worte

Keine Strafe ohne Gesetz.
Im Zweifel für den Angeklagten.
Etwas bleibt immer hängen.
Es soll auch die andere Partei angehört werden.
Höchstes Recht – höchste Ungerechtigkeit.
Gerechtigkeit soll geschehen, mag auch die Welt untergehen.

1 Text 1: *consulere, agere cum, respondere;* Text 2: *quaerere, agere, casus, culpa;* Text 3: *alienum, auferre, lucrum, furtum, accusare, scire, nescire, derelinquere, res nullius, causa;* Text 4: *poena, lex, dubium, reus, altera pars, ius, iniuria, iustitia*

2 1. Maultiere ziehen zwei beladene Wagen den steilen Hügel hinauf. Die Eseltreiber des oberen Wagens schieben kräftig mit. Der Wagen fährt trotzdem rückwärts, die Eseltreiber springen zur Seite, der Wagen rollt gegen den unteren, ein zufällig vorbeigehender Sklave wird überrollt und getötet. Der Herr des getöteten Sklaven ist der Geschädigte.

2. a) Wenn die Eseltreiber des oberen Wagens von sich aus zur Seite gingen, kann der Besitzer der Maultiere nicht herangezogen werden, sondern die Eseltreiber, die zur Seite gingen.
b) Wenn die Maultiere vor etwas zurückgeschreckt sind und die Eseltreiber zur Seite sprangen, um nicht überrollt zu werden, kann der Besitzer der Maultiere herangezogen werden.

3 1 a) Fallbeschreibung: *pila ludebant; servum vehementer impulit; servus cecidit, crus fregit*
b) Streitfrage: *dominus servi cum eo, cuius impulsu servus ceciderat, agere posset*
c) Rechtsauskunft: *agi non posse: casu*

2. *magis casu quam culpa*

4 Jemand muss sich eine Sache angeeignet haben, die einem anderen gehört und nicht freiwillig aufgegeben wurde.

5 Es gibt viele Möglichkeiten.

6 facti sumus – gavisi sunt – ausi eramus – factum est – gavisi estis – ausus sum – factum erat – factus eras – gavisi eratis – ausi erant – facti sunt

7 z.B.: *vehementer defendere:* heftig verteidigen, *fortiter agere:* tapfer handeln, *facile discere:* leicht lernen, *libere iudicare:* frei urteilen, *male facere:* schlecht handeln, *graviter facere:* ernst/würdevoll handeln, *recte et bene vivere:* anständig und gut leben, *opulente edere:* üppig essen, *opulente celebrare:* üppig feiern

8 Lösungswort: *res nullius*

9

Zeit	Art und Weise	Ort
saepe, iam, semper, hodie, mox, primum, subito, postea, postridie, plerumque, iterum, interdum, primo, diu, modo, cras, post, olim, numquam, statim, nunc, prius, nondum, aliquando, paulatim, tandem, simul, nuper, antea, heri, noctu, interdiu, interim, postremo, saepius, bis, semel	bene, valde, magis, libenter, maxime, solum, vere, gratis, optime, ita, fere, secreto, fortasse, praecipue, satis, aegre, feliciter, certe, sic, male, denuo, forte, frustra, immo, graviter, minus, una, nimis, aliter, clam, omnino, ergo, melius, amplius, tamquam	domi, ibi, hic, illic, ubique, domum, prope, domo, undique, procul, huc, retro, ruri

Manche Adverbien sind nicht eindeutig zuzuordnen.

10 Viele Gesichtspunkte sind möglich: Durfte auf dem Platz Ball gespielt werden? Durfte der Friseur dort rasieren? Wie alt waren die Jugendlichen, waren sie schon selbst verantwortlich? Klage möglich gegen Jugendliche, deren Eltern, den Friseur.

Lektion 32

Abt Antronius besucht Frau Magdalia

Antronius: Was für Möbel sehe ich da?!
Magdalia: Scheinen dir diese Möbel denn nicht elegant (zu sein)?
Antronius: Sie sind gewiss sehr elegant. – Aber alles ist ja voll von Büchern!
Magdalia: Warum gefallen dir Bücher nicht?

Antronius: Sie machen das Leben weder besser noch angenehmer.

Magdalia: Dieses dein gutes und angenehmes Leben ... woraus besteht es?

Antronius: Aus Schlaf, Feiern (mit Freunden), der Freiheit zu tun, was man möchte, aus Geld und Ehren.

Magdalia: Wenn aber Gott zu diesen Dingen noch Weisheit hinzufügt, wirst du dann nicht noch viel angenehmer leben ? Ist nicht Weisheit besser als Unwissenheit?

Antronius: Was nennst du denn Weisheit?

Magdalia: Es ist Sache eines Weisen zu erkennen, dass ein Mensch nur glücklich ist aufgrund von Gütern des Geistes; dass Reichtum und Ehren ihn weder glücklicher noch größer machen noch besser.

Antronius: Die Menschen werden nicht glücklicher durch deine Weisheit. Ich mag sie nicht. Besser und angenehmer ist es zu jagen oder zu würfeln. Am besten aber und angenehmsten ist es, auf Gastmählern zu sein, Wein zu trinken und Gespräche unter Freunden zu haben.

Magdalia: Was, wenn es für mich angenehmer ist, einen guten Schriftsteller zu lesen, als für dich zu jagen, möglichst viel Wein zu trinken und zu würfeln, wirst du dann denn nicht den Eindruck haben, dass ich angenehm lebe?

Antronius: Ich würde aber so nicht leben. Ja, mir scheint dein Leben da sehr elend zu sein. – Ich jedenfalls billige es nicht, wenn meine Mönche Bücher lesen.

Magdalia: Weshalb willst du das nicht?

Antronius: Je gebildeter, desto frecher sind sie. Sie hören nicht auf, mit Worten mit mir zu streiten. Jedenfalls will ich nicht, dass irgendeiner meiner Leute gebildeter ist als ich.

Magdalia: –

Antronius: Aber da sehe ich ja sogar lateinische Bücher! Es ist sehr selten, dass Frauen Latein verstehen. Diese Sprache aber ziemt sich überhaupt nicht für Frauen.

Magdalia: Aus welchem Grund?

Antronius: Die lateinischen Dichter preisen ständig die Liebe, beseitigen das Schamgefühl und verachten die Götter. Und so kommt es, dass die Frauen nicht mehr gehorchen und sehr leicht ihre Pflichten vergessen. Sie vernachlässigen ihre Männer, ihre Kinder und ihren Haushalt. Der Umgang mit lateinischen Büchern ruft Wahnsinn hervor, denn diese Bücher nehmen den Frauen viel von ihrer Vernunft – und sie haben ohnehin schon zu wenig.

Magdalia: Wieviel Vernunft euch geblieben ist, weiß ich nicht, aber ich werde meine Vernunft, auch wenn sie geringer sein mag, weiter gebrauchen. Ich will lieber wahnsinnig sein als dumm.

1

1. Magdalia: libri, sapientia, bonum auctorem legere, ratione uti; Antronius: somnus, convivia, libertas faciendi, quae cupis, pecunia, honores, venari, alea ludere, vinum bibere, colloquia inter amicos habere
2. Magdalia: Der Mensch wird nur durch geistige Güter glücklich (Z. 18–19); außerdem macht es Magdalia Freude, einen guten Autor zu lesen (Z. 25).
   Antronius: Lesen macht nicht glücklich (Z. 21). Glücklich macht nur ein Leben,

wie es oben (s. Aufgabe 1) beschrieben ist. Die Mönche werden durch das Lesen aufsässig, weil sie klüger werden als Antronius selbst (Z. 32–35); daher verbietet ihnen Antronius ein derartiges Leben (Z. 29–30). Insbesondere die Lektüre lateinischer Autoren verdirbt die Frauen, weil sie von Liebe schreiben, die Keuschheit unterminieren und lehren, die Götter zu verachten. Die Frauen gehorchen so ihren Männern nicht mehr, vernachlässigen ihre hausfraulichen Pflichten und nehmen ihnen ihr letztes bisschen Vernunft (Z. 37–46).

3. Die antiken Autoren verderben die Frauen (s. Aufgabe 2). Die Frauen sollen gehorchen, ihre Pflichten als Hausfrauen erfüllen; durch die Lektüre werden sie aufsässig (Z. 41–46).
4. *insana*: Verrückt im Sinne des Antronius, d.h. abweichend von seiner Vorstellung. *stulta*: ungelehrt, ungebildet, d.h. ohne sich in der Literatur auszukennen.

2 Z. 12–13: Asyndetische Aufzählung der Lebensinhalte, die Antronius als wichtig ansieht, Anaphern *in, in, in, in, in*. Z. 14–16: Rhetorische Fragen. Z. 23–24: Erneute asyndetische Aufzählung der wichtigen Lebensinhalte. Z. 41–42: Asyndetische Aufzählung der negativen Auswirkungen, die die Lektüre lateinischer Autoren verursacht. Das persönliche Verhältnis, das Magdalia zu ihren Büchern hat, zeigt sich in der Personifikation des Buches (*legere bonum auctorem*, Z. 25).

3

Positiv	Komparativ	Superlativ
vitam bonam ac suavem	vitam meliorem ac suaviorem	vitam optimam ac suavissimam
suaviter	suavius	suavissime
bonum est	melius est	optimum est
virum magnum	virum maiorem	virum maximum
vita misera	vita miserior	vita miserrima
eruditi audaces sunt	eruditi audaciores sunt	eruditi audacissimi sunt
femina docta est	femina doctior est	femina doctissima est
rarum est	rarius est	rarissimum est
parvum	minus	minimum
ratio parva	ratio minor	ratio minima
facile	facilius	facillime
homo felix	homo felicior	homo felicissimus

4 viel größer (abl. mensurae) – der Größte von allen (gen. partitivus) – größer als alle (abl. comparationis) – viel angenehmer leben (abl. mensurae) – einer irrte sich mehr als der andere (abl. comparationis) – nichts ist erbärmlicher als Krieg (abl. comparationis) – am meisten Ackerland (gen. partitivus) – mehr Zeit (gen. partitivus) –

der größere der Brüder (gen. partitivus) – die größte von den Schwestern (gen. partitivus)

5 Z. 3 *quam*: adjektivisches Fragewort; Z. 21 relativischer Satzanschluss; Z. 26, 34, 49 nach komparativischem Ausdruck zur Bezeichnung eines Vergleichs; Z. 26 beim Superlativ: »möglichst«.
Weitere Funktionen: Relativpronomen, bei Adjektiven »wie, wie sehr«.

6 1. Komm möglichst schnell! 2. Welches Leben erwartest du? 3. Dein Leben ist erbärmlicher als meines. 4. Dieses Leben, das du führst, ist sehr erbärmlich. 5. Wie glücklich ich bin! 6. Die Menschen werden nicht glücklicher durch deine Weisheit. Diese billige ich nicht.

Lektion 33

Text 1 Angst im Lager am Rhein

Lucius: Du, Marcus, bist doch ein Überlebender jener Niederlage, die Arminius uns im Teutoburger Wald zugefügt hat. Sag, hast du nicht Angst, dass Arminius unseren Leuten erneut einen Hinterhalt gelegt hat? Das Heer unter Führung des Germanicus ist schon mehr als zwei Monate fort. Nur selten kommen Nachrichten.

Marcus: Das ist kein Grund, sich zu fürchten, Lucius. Germanicus wird vorsichtiger sein als Varus; er wird in keine Falle tappen. Der Legat Caecina, ein kampferfahrener Mann, wird die Legionen unversehrt über den Rhein zurückführen.

Lucius: Es geht das Gerücht, dass der Feldherr das Heer auch in jene traurigen Gefilde der Varusniederlage geführt hat, um dort dadurch, dass er die Gefallenen bestattet, ihren Seelen Genugtuung zu verschaffen.

Marcus: Dass Germanicus das getan hat, finde ich nicht gut. Der Ort, mit Gebeinen übersät und vom Blut so vieler Römer getränkt, ist verflucht. Der Soldat wird durch diesen Anblick nicht wagemutiger kämpfen.

Lucius: Sieh Agrippina, die Frau unseres Feldherrn! Dort geht sie durchs Lager: Indem sie sich freundlich mit den Soldaten unterhält, macht sie ihnen Mut, denn sie weiß genau, dass auch sie Angst haben um den Feldherrn und die Kameraden. Sie ist die Mutter des Lagers. – Hoffentlich kommt der Feldherr mit dem Heer heil zurück!

Am folgenden Tage breitete sich durch Boten der Ubier das Gerücht aus, dass der Feldherr mit dem Heer in Sümpfen eingeschlossen sei. Das Gerücht verbreitete sich und wuchs von Tag zu Tag. Schließlich wird im Lager erzählt, dass die Germanen nach der Vernichtung von vier Legionen mit ihrem wild entschlossenen Heer zum Rhein ziehen. Da laufen die Soldaten zusammen, um aus Furcht vor den Germanen die Brücke über den Rhein zu zerstören.

Text 2 Agrippina greift ein

Da stellte sich Agrippina, mit ihrer neulich erst geborenen Tochter Agrippina auf dem Arm, mitten auf die Brücke und redete zu den Soldaten, die schon mit dem Abreißen beschäftigt waren, folgendermaßen:
»Welche schändliche Furcht hat eure Herzen ergriffen, Soldaten, dass ihr euren Feldherrn und eure Kameraden vergessen habt und ihnen dadurch, dass ihr diese Brücke zerstört, den einzigen Rückweg abschneiden wollt? Ich jedenfalls werde zusammen mit meiner Tochter nicht von der Brücke weichen. Also verratet euren Feldherrn! Verratet die Kameraden und die Legionsadler! Werft zu eurer ewigen Schande die Frau eures Feldherrn in den reißenden Fluss!«
Als die Soldaten die Worte der zornigen Frau gehört hatten, schämten sie sich und ließen von dem Versuch ab. Und tatsächlich kehrten wenige Tage später Germanicus und das Heer zurück.
Viele Jahre später gründete seine Tochter Agrippina – nun Frau des Kaisers Claudius – an dem Ort, in dem sie geboren war, die Stadt Colonia Agrippinensis.

1
1. Z. 2–4, Z. 7–8, Z. 12–13, Z. 14–15. Man befürchtet eine erneute Niederlage.
2. Germanicus werde vorsichtiger als Varus sein. Der Besuch der alten Kampfstätte wird aber nicht gebilligt, weil der Anblick der sterblichen Überreste die Soldaten demoralisieren könnte.
3. uxor imperatoris; benigne loquendo animos militum confirmat; mater castrorum

2
1. imperatorem cum exercitu in paludibus circumventum esse, Germanos quattuor legionibus deletis infesto agmine Rhenum petere – *aci/indirekte Rede*
2. *fama pervasit; crescebat eundo; postremo narratur:* 1. Das Gerücht entstand (Perf.). 2. Es breitete sich immer mehr aus (Betonung liegt auf Verlauf, Wiederholung: Imperfekt). 3. Es wird nun erzählt (Präsens).
3. Die eigenen Soldaten wären nicht mehr über den Rhein zurückgekommen, hätten u.U. in der Falle gesessen. Sie sind in Panik, weil sie eine ähnliche Katastrophe befürchten wie im Jahre 9 und weil die Gerüchte immer weiter um sich greifen, andererseits aber keine gesicherten Informationen vorliegen.

3
1. Sie nimmt ihr Kind auf den Arm, hält eine Rede und kündigt dabei an, nicht von der Brücke zu weichen.
2. Direkte (rhetorische) Frage (Z. 5–8) an die Soldaten; Aufforderungen unterstrichen durch Anapher (*prodite, prodite*, Z. 10–11). Agrippina befiehlt den Soldaten, sie und ihr Kind in den Fluss zu stoßen, ein Befehl, der die Soldaten wieder zur Vernunft bringen soll.

4 1. Ich bin begierig, dies zu sehen. 2. Er ist bereit zum Kämpfen. 3. Durch Lehren lernen wir. 4. Der Sohn wurde nach Athen geschickt, um zu lernen. 5. Das Gedächtnis wächst durch Lernen. 6. Er kehrt zurück, um zu essen. – Antronius nimmt zu durch Essen und Trinken.

5 Die Kunst zu schreiben – die Kunst zu leben, Lebenskunst – die Kunst, Wahres und Falsches zu unterscheiden – Lehrer im Reden, Rhetoriklehrer – Lehrer im Schreiben – Lehrer im Segeln, Segellehrer – des Lesens kundig – begierig zu lernen – unkundig, gut zu leben – um zu lernen

6 1. Das Wandern macht dem Müller Freude. 2. Der Müller liebt es zu wandern, wandert gerne. 3. Der Müller ist begierig zu wandern. 4. Der Müller hat seine Freude am Wandern. 5. Der Müller ist immer bereit zum Wandern.

7 1. Ebenso wie bei Vergil geht zunächst ein Gerücht um (Text 1, Z. 24–25 und Vergil, Z. 1), es wächst von Tag zu Tag beim Herumgehen (Text 1, Z. 25–26 und Vergil, Z. 3); Fama verbreitet sich immer mehr und erzeugt Angst und Schrecken (Text 1, Z. 28–29 und Vergil, Z. 14).
2. Sie entwickelt wie eine Person ein eigenes Leben.
3. Viele Antworten sind möglich.
4. Z. 3.

Lektion 34

Text 1 Symmachus grüßt Ausonius

Du möchtest gern einen längeren Brief von mir bekommen, Ausonius. Sicher ist das unter uns ein Kennzeichen wahrer Freundschaft. Aber ich will lieber (nur) kurz antworten, da ich mir meines armen Verstandes und meiner armseligen Sprache bewusst bin. Und das ist ja auch nicht verwunderlich, denn durch deine Schuld geschieht es, wenn meine Redekunst nicht gekräftigt ist. Schon lange nämlich wolltest du mich nicht mit einem Werk aus deiner Feder erfreuen.
Da eilt nun deine »Mosella« durch die Hände und die Gedanken vieler Menschen, in göttlichen Versen von dir gedichtet; zu mir aber wollte sie nicht fliegen/eilen. Warum, bitte, wolltest du, dass ich nicht teilhabe an diesem Buch? Das ist wirklich ein Unrecht! Entweder schien ich dir zu ungebildet zu sein, so dass ich kein Urteil abgeben könnte, oder gewiss zu böswillig, so dass ich es nicht loben wollte. Aber ich habe ja gute Umgangsformen, sodass ich lieber verschweigen will, was ich fühle. Dennoch bin ich an das Geheimnis dieses deinen Werkes gelangt und verzeihe dir. Die Bewunderung für deine »Mosella« besiegt das Gefühl des Unrechts. Ich habe diesen Fluss kennen gelernt, als ich das Heer des Kaisers gegen die Germanen begleitete. Ich wür-

de dir, der du so Großes und Schönes über die Mosel berichtest, nicht glauben, wenn ich nicht wüsste, dass du niemals – nicht einmal in einem Gedicht – lügst. Ich reihe dein Gedicht unter die Bücher der berühmtesten Dichter ein. Leb wohl!

Text 2 Ausonius grüßt Symmachus

Ach, bitte, verzeih mir doch, liebster Symmachus, dass ich dir meine »Mosella« noch nicht geschickt habe! Verurteile nicht deinen Freund, den Dichter, wegen dieser Verzögerung! Denn ein Dichter – weil er ja will, dass sein Werk möglichst gut sei – pflegt seine Gedichte, wenn sie noch nicht vollendet sind, zurückzuhalten und sie nicht einmal seinen liebsten Freunden zu schicken, damit sie gelesen, beurteilt und gelobt werden. Oder möchtest du, dass ich lieber schlechte und lächerliche Verse dichte als gut geschriebene? Nun aber eilt ohne weitere Verzögerung die »Mosella« in deine Hände: Meine Verse wollen von dir gelesen, beurteilt, gelobt werden. Leb wohl!

1
1. Grußformel zu Beginn und am Ende der Texte. Anrede (*Ausoni* bzw. *Symmache*). Eingehen auf einen vorliegenden Brief (Text 1, Z. 2: *accipere ... vis*, Text 2, Z. 2 *utinam ignoscas*). Verbformen und Pronomina der 1. und 2. Pers. Sg.
2. Er geht auf den Wunsch ein, einen längeren Brief zu erhalten, behauptet aber, er könne nur kurz schreiben, weil für mehr seine Begabung nicht ausreiche. Daran sei Ausonius schuld, weil er ihm sein Werk vorenthalte. – Ironisch aufzufassen.

2
1. Die Mosella ist einerseits der Name des Flusses (Mosel), andererseits Buchtitel. Symmachus rühmt das Werk, es sei in »göttlichen Versen« verfasst (Z. 8). Das Werk gehöre zu den Büchern der berühmtesten Dichter (Z. 19–20).
2. Personifikation: Mosella wird personifiziert (Text 1, Z. 7: *volitat*): verstärkt die Bewunderung des Symmachus.
   Parallelismus: Text 1, Z. 10–12: *aut parum eruditus ..., ut ..., aut certe malignus, ut ...*: Symmachus gibt vor, sich alle möglichen Gründe auszudenken, weshalb ihm das Buch vorenthalten wird.
   Asyndeton und Klimax: Text 2, Z. 7–8, Z. 11: lesen, beurteilen, positiv würdigen. Nach dem Wunsch des Autors soll am Ende das positive Urteil stehen.

3
1. Die Mosel wird direkt angesprochen, personifiziert.

2./3., 1. Abschnitt: Bedeutung der Mosel durch Ackerbau (*agris*), Besiedlung (*colonis*), politische Bedeutung (*imperio*), Weinbau (*odorifero Baccho*), Schönheit der Landschaft (*amnis viridissime*) – 2. Abschnitt: Villen (*villae*) und Schlösser (*praetoria*) beiderseits des Stroms – 3. Abschnitt: Fruchtbarkeit (*frugum*), Berühmtheit durch Adel (*clari proceres*), Krieger (*bello exercita pubes*), Redekunst (*facundia linguae*), Kultur (*mores*), fröhlichen Geist (*laetum ingenium*)

4 vis – voles – volebas – voluisti – voluisse; volens – non vultis – nolent – nolo; vult – voluit – velis – vellemus – volueris; velim – vellem – voluissemus

5 Hoffentlich kommt meine Freundin Lucia heute! Wenn doch meine Freundin Lucia käme! Wenn doch meine Freundin Lucia gekommen wäre!

6 Zu den Situationen: Es gibt viele Möglichkeiten.
1. Wenn ich doch nicht immer alles verlieren würde!
2. Hoffentlich haben wir Zeit, dies zu vollenden!
3. Wenn der Arzt mir doch geholfen hätte!
4. Wenn mein Freund mich doch nicht verlassen hätte!
5. Wenn du doch geschwiegen hättest!
6. Wenn dieser Kerl da doch nicht immer seine Pflichten vernachlässigen würde!
7. Hoffentlich ist das wahr!
8. Hoffentlich hilft mir mein Freund!

7 1. –
2. Der erste Vokal wird ausgestoßen.
3. Tália déspectánt longó per cáerula tráctu
péndentés saxís instánti cúlmine víllae,
quás mediús dirimít sinuósis fléxibus érrans
ámnis, et álternás comúnt praetória rípas.
Sálve, mágne paréns frugúm virúmque, Moséella!

Té clarí procerés, te béllo exércita púbes,
áemula té Latiáe decorát facúndia línguae.
Quín etiám morés et láetum frónte seréna
íngeniúm natúra tuís concéssit alúmnis.

8 1. *Quamvis sint sub aqua, sub aqua maledicere temptant.*
Obwohl sie unter Wasser sind, versuchen sie unter Wasser zu schimpfen: Frösche.
2. *Quidquid agis, prudenter agas et respice finem.*
Was auch immer du tust, handle klug und berücksichtige das Ende.
Nam tua res agitur, paries cum proximus ardet.
Denn es geht um deine Sache, wenn die Wand des Nachbarn brennt.
3. *Sunt pueri pueri, pueri puerilia tractant.*
Kinder sind halt Kinder, Kinder tun Kindisches.

Lektion 35

Alamannensturm an Rhein und Main

Nach der Schlacht bei Straßburg ließ der Caesar die Körper aller Gefallenen sammeln, denn die Leichen mussten bestattet werden, damit die Vögel sie nicht auffräßen. Dann kehrte er nach Saverne zurück. Von dort ließ er die Beute zusammen mit allen Gefangenen zu den Mediomatrikern bringen. Er selbst hatte vor, nach Mainz zu gehen, um den Rhein auf einer Brücke zu überschreiten und die Barbaren in ihrem eigenen Gebiet anzugreifen.
Das Heer aber widersetzte sich ihm und versuchte zu verhindern, dass er den Krieg wieder aufnahm. Aber der Caesar brachte durch seine Redekunst und sein Ansehen die Soldaten wieder dahin, sich seinem Willen zu beugen. So folgten die Soldaten aus Liebe zum Caesar ihrem Führer, zumal er selbst stets mehr an Strapazen auf sich nahm, als er seinen Soldaten auferlegte.
Man überschritt den Rhein auf einer Brücke, um die Länder der Feinde zu besetzen und zu verwüsten. Die Barbaren aber, von der Menge unserer Truppen überwältigt und durch die Niederlage bei Straßburg belehrt, was ihnen drohte, schickten Gesandte, um um Frieden zu bitten. Später aber änderten sie ihren Willen und drohten durch andere Gesandte den Unseren den heftigsten Krieg an, wenn sie nicht ihr Gebiet verließen.
Als der Caesar über diese Dinge unterrichtet worden war, ließ er 800 Soldaten auf mittelgroße schnelle Schiffe verladen. Er befahl ihnen, dass sie den Fluss (Main) hinauffahren und alles mit Feuer und Schwert verwüsten sollten. Beim Morgengrauen wurden die Soldaten herangeführt, um das Ufer zu besetzen, aber da man nicht einen Barbaren fand, überließ der Anführer die Dörfer der Feinde den Soldaten, um sie zu plündern und in Brand stecken zu lassen.
Die Germanen sehen von fern die Feuer; (nun) müssen sie die Hinterhalte, die sie den Unseren in Engpässen bereitet hatten, verlassen; um ihre Güter zu retten und laufen schnell herbei. Unsere Leute umzingeln die Barbaren von allen Seiten. Obwohl diese – hier von unseren Reitern, dort von den Soldaten, die auf den Schiffen herangefahren waren – erschreckt worden sind, bietet sich ihnen doch eine Gelegenheit zu entkommen, weil sie die Gegend kennen. Daher müssen unsere Leute diese Schmach tilgen: Bei der Verfolgung der Feinde vernichten sie die Gehöfte, das Vieh und das Getreide.
Endlich erkannten die Germanen, von Furcht gepackt, dass sie Frieden machen mussten. Drei ihrer Könige kamen zum Caesar und schworen, dass sie die Verträge einhalten, ja, dass sie sogar Getreide für unsere Leute liefern würden. Dies versprachen sie, indem sie Treue heuchelten und weil sie von Furcht dazu gezwungen waren.
Die Barbaren aber wenig später ...

1 1. Substantive: *pugna, corpora cunctorum mortuorum, captivi, praeda, barbari, fines, exercitus, bellum, milites, dux, hostes, copiae, clades, legati, pax, fines, navigium, naves, ferrum ignisque, insidiae, equites, loca, timor, foedera, fides, metus*
Verben: *ducere, iubere, humare, aggredi, resistere, sequi, occupare, vastare, opprimere, petere, minari, certior fieri, imperare, vastare, diripere, incendere, servare, accurrere, circumvenire, terrere, evadere, persequi, delere, cogere*
Adjektive: *acerrimus*
2. Wechsel ins Präsens, weil dem Leser die Dramatik des Geschehens vor Augen geführt werden soll.

2 1. Germanen: *barbari, mutata voluntate, fidem simulantes, metu coacti*
Julian: *Caesar, eloquentia et auctoritas, dux, plus laboris susciperet quam militibus imponeret*
2. Ammian zeichnet ein sehr positives Bild von Julian. Er ist seinen Soldaten ein Vorbild. Die Germanen dagegen sind wankelmütig; auf ihre Versprechen kann man wenig geben, sie täuschen Zuverlässigkeit vor.

3 Die Menschen mussten in dauernder Angst vor Überfällen und Kriegen leben. Es war eine sehr unsichere Zeit, geprägt vom allmählichen Rückzug der Römer.

4 Die hier geschilderten Erfolge sind nur von kurzer Dauer gewesen; sehr bald gab es erneute Kämpfe mit den Germanen. Auch die einzelnen militärischen Aktionen Julians konnten nichts daran ändern, dass die Zeit der Römer in Germanien zu Ende ging.

5 Attribut: *ad terras hostium occupandas vastandasque* (Z. 14), *ad pacem petendam* (Z. 17), *ad ripas occupandas* (Z. 23), *ad bona sua servanda* (Z. 27), *in persequendis hostibus* (Z. 32)
Prädikatsnomen: *humanda erant* (Z. 3), *relinquendae erant* (Z. 27), *exstinguenda est* (Z. 31–32), *faciendam esse* (Z. 34)
Prädikativum: *vicos hostium diripiendos ac incendendos permisit* (Z. 24 – 25)
Gerundium: *occasionem evadendi* (Z. 30 – 31)

6 bei der Auswahl der Freunde (Attr.) – um den Staat zu verwalten (Attr.) – ich muss handeln (PN) – dies darf nicht geduldet werden (PN) – um die Spiele anzuschauen (Attr.) – über die Kriegsführung (Attr.) – um einen Freund zu suchen (Attr.) – beim Ackerbau (Attr.) – die Äcker müssen bebaut werden (PN) – Gerechtigkeit muss gegenüber den Feinden gewahrt werden (PN) – ihr müsst die Götter verehren (PN) – ich gebe dir das Buch zum Lesen (Prädikativum) – alle müssen Gerechtigkeit wahren (PN).

7 3 – 5 – 7: 753 v Chr.: Gründungsjahr Roms.

8 *causa*: final; *in*: lokal (wohin?/wo?); *ad*: lokal (wohin?) und final (beim Gerundium/Gerundivum); *ex*: lokal (woher?); *de*: lokal (woher?); *prope*: lokal (wo?/wohin?); *gratia*: final; *propter*: kausal; *post*: lokal (wo?/wohin?), temporal; *ante*: lokal (wo?/wohin?)

9 Die Alamannen waren nicht der barbarische Stamm, wie von Ammian dargestellt, sondern hatten ihre eigene Kultur, die Ammian ignoriert.

Lektion 36

Text 1 C. Plinius an Kaiser Trajan

Alles, worüber ich im Zweifel bin, pflege ich vor dich, Herr, zu bringen. Denn wer kann besser meiner Unkenntnis abhelfen?
Vorgelegt wurde mir eine Liste ohne Absenderangabe, die die Namen vieler Christen enthielt. Diejenigen, die sagten, dass sie keine Christen seien oder gewesen seien, glaubte ich entlassen zu dürfen, wenn sie die Götter angerufen, dein Bild verehrt und außerdem Christus geschmäht hatten. Denn es steht fest, dass die, die wirklich Christen sind, zu so etwas nicht gezwungen werden können. Einige aber versicherten, darin habe ihre Schuld oder ihr Irrtum bestanden, dass sie gewohnt seien, an einem bestimmten Tag vor Tagesanbruch zusammenzukommen und ein Lied für Christus wie für einen Gott zu singen und sich mit einem Eid nicht etwa zu irgendeinem Verbrechen zu verpflichten, sondern keinen Diebstahl, keinen Raub, keinen Ehebruch zu begehen und nicht wortbrüchig zu werden. Wenn diese Dinge vollzogen waren, hätten sie den Brauch gehabt, sich zu trennen und wieder zusammenzukommen, um eine einfache Speise zu sich zu nehmen. Ich glaubte, es sei nötig, aus zwei Sklavinnen auch unter der Folter zu erfragen, was (daran) wahr sei. Aber ich fand nichts anderes als den verdrehtesten Aberglauben. Deshalb verschob ich die Untersuchung und stelle die Frage an dich: Ich möchte wissen, ob ich mich nach folgender Verfahrensweise richten darf:
Diejenigen, die als Christen zu mir gebracht worden sind, werde ich fragen, ob sie Christen sind. Wenn sie es leugnen, werde ich sie gehen lassen. Wenn sie aber bekannt haben, dass sie Christen sind, werde ich ihnen die Todesstrafe androhen und sie ein zweites und ein drittes Mal befragen. Diejenigen, die darauf beharren (Christen zu sein), werde ich zur Hinrichtung führen lassen. Denn wie beschaffen auch immer das sein wird, was sie da gesagt haben – ihren Trotz wird man gewiss bestrafen müssen.

Text 2 Trajan an Plinius Secundus

Der Art des Vorgehens, die du schon angewendet hast, mein Secundus, beim Verhör derer, die als Christen zu dir gebracht werden, darfst du (weiterhin) folgen. Man soll sie nicht aufspüren. Aber wenn einer angezeigt und überführt worden ist, wird man ihn bestrafen müssen. Wer gesagt hat, er sei kein Christ, und dies durch sein Verhalten selbst deutlich gemacht hat, der wird aufgrund seiner Reue Verzeihung erlangen. Listen aber, die dir anonym vorgelegt worden sind, werden bei keiner Anklage Berücksichtigung finden dürfen. Denn sie sind Ausdruck eines sehr üblen Beispiels und entsprechen nicht dem Geist unserer Zeit.

1
1. Plinius wendet sich direkt an den Kaiser: Z. 2 – 3 *ad te, domine*; Z. 19 – 20 *te consului; scire velim*.
   Plinius beschreibt das Verhalten der Christen: Z. 8 – 15.
   Plinius erläutert, wie er vorgeht: Z. 4 – 8 *propositus est mihi, putavi*; Z. 16 – 18 *credidi, inveni*; Z. 21 – 26 *interrogabo, dimittam, interrogabo, iubebo*.
2. Sie wollen nicht an die Götter glauben und das Kaiserbild verehren, sie hängen einem schlimmen Aberglauben an. Die Christen verteidigen sich mit der Aussage, sie träfen sich vor Sonnenaufgang, um Christus als Gott zu verehren und um sich zu verpflichten, nicht zu rauben, zu stehlen, keinen Ehebruch zu begehen, kein falsches Zeugnis abzulegen.
   Plinius ist bereit sie freizulassen, wenn sie die Götter anrufen, das Kaiserbild verehren, Christus schmähen.
   Er schlägt vor, sie jeweils zu fragen, ob sie Christen sind; wenn sie leugnen, sollen sie freigelassen werden. Wenn sie sagen, sie seien Christen, will er ihnen mit der Todesstrafe drohen und sie ein zweites und drittes Mal fragen. Wenn sie bei ihrer Aussage bleiben, sollen sie hingerichtet werden.
   Plinius wollte durch die Folter herausbekommen, ob die Aussagen der Christen stimmten; außerdem waren viele Christen Sklaven (*ancillae*) und die Aussagen der Sklaven hatten nur unter Folter vor Gericht Gültigkeit.

2
1. Z. 3 *ad te delati sunt*: vgl. Text 1, Z. 21 *delati erunt*.
   Z. 5 *puniendus erit*: vgl. Text 1, Z. 26 *debebit puniri*.
   Z. 5 *qui negaverit*: vgl. Text 1, Z. 22 *si negaverint*.
   Z. 7 *Libelli, qui sine auctore tibi propositi erunt*: vgl. Text 1, Z. 4 *propositus est mihi libellus sine auctore*.
2. Trajan fordert Plinius auf, Christen nicht von sich aus aufzuspüren. Nur auf Anzeige hin sollen sie vorgeladen werden.
3. Trajan kritisiert, dass Plinius auf anonyme Anzeigen hin die Christen vorlud, weil er die gegenseitige Denunziation befürchtet, wie sie unter anderen Kaisern zuvor üblich war.

3 Die Christen galten als Sekte, die sich weigerte, den Kaiser als Gott zu verehren. Sie trafen sich zu ihren Gottesdiensten in Gruppen; daher rührte bald das Gerücht, die Christen seien ein Geheimbund, bei dem z.B. Menschenopfer dargebracht würden. Religiöse Verfolgung hat in den meisten Fällen politische Hintergründe. Man wählt eine religiöse Gruppe als Sündenbock, um von Missständen abzulenken.

4 z.B.: 1. Cum domum venero, dormiam. 2. Si amicus iterum me deseruerit, eum deseram. 3. Si me interrogaveritis, vobis vera dicam. 4. Si mihi epistulam miseris, etiam ego tibi epistulam mittam. 5. Si me cras non adiuveris, te numquam adiuvabo.

5

Eam interrogo:	a) sit	b) manserit	c) fecerit	d) fuerit.
Eam interrogavi:	a) esset	b) mansisset	c) fecisset	d) fuisset.
Eam interrogabo:	a) sit	b) manserit	c) fecerit	d) fuerit.
Eam interrogabam:	a) esset	b) mansisset	c) fecisset	d) fuisset.

6 Lösung: *tolle lectum tuum et ambula.*

Lektion 37

Text 1 Christen vor Gericht

Der Prokonsul Saturninus sagte:
»Ihr könnt die Verzeihung unseres Herrn, des Kaisers, erlangen, wenn ihr zu einer guten Gesinnung zurückkehrt.«
Speratus sagte:
»Wir haben niemals etwas Böses getan; wir haben uns bemüht, kein Unrecht zu tun; wir haben niemals übel geredet; nein, wenn man uns schlecht behandelt hatte, haben wir uns noch bedankt; ebenso achten wir unseren Kaiser.«
Der Prokonsul Saturninus sagte:
»Auch wir sind Menschen mit einer Religion, und unsere Religion ist einfach, wir schwören beim Genius unseres Herrn, des Kaisers, und beten für sein Heil, was auch ihr tun müsst.«
Speratus sagte:
»Wenn du uns in Ruhe anhörst, sage ich dir das Geheimnis unserer Einfachheit.«
Der Prokonsul Saturninus sagte:
»Wenn du Übles über unsere Heiligtümer sagst, werde ich dir niemals zuhören. Nein, schwöre lieber beim Genius unseres Herrn, des Kaisers.«
Speratus sagte:
»Ich halte die Macht dieser ganzen Welt nicht für wichtig, sondern ich diene allein jenem Gott, den (noch) kein Mensch gesehen hat oder mit seinen Augen sehen kann. Ich habe keinen Diebstahl begangen, nein, im Gegenteil, wenn ich etwas kaufe, zahle ich meine Steuer.«
Der Prokonsul Saturninus sagte zu den anderen:
»Hört auf, dieser Überzeugung zu sein!«
Cittinus sagte: »Wir haben keinen anderen, den wir fürchten, außer dem Herrn, unserem Gott, der im Himmel ist.«
Donata sagte:

»Ehre dem Kaiser als dem Kaiser, Furcht aber einzig und allein Gott.«
Vestia sagte: »Ich bin Christin.«
Secunda sagte: »Was ich bin, genau das will ich sein.«
Der Prokonsul Saturninus sagte zu Speratus:
»Beharrst du darauf, Christ zu sein?«
Speratus sagte: »Ich bin Christ.« *Und alle stimmten mit ihm überein.*
Der Prokonsul Saturninus sagte:
»Wollt ihr etwas Bedenkzeit?«
Speratus sagte: »In einer so gerechten Sache braucht man keine Bedenkzeit.«
Der Prokonsul Saturninus sagte:
»Was sind das für Sachen in eurem Behälter?«
Speratus sagte: »Bücher und Briefe des Paulus, eines gerechten Mannes.«
Der Prokonsul Saturninus sagte:
»Ihr sollt einen Aufschub von dreißig Tagen haben, und denkt darüber nach!«
Speratus sagte wiederum: »Ich bin Christ.« *Und alle stimmten ihm zu.*
Der Prokonsul Saturninus las die Entscheidung von seiner Tafel vor:
»Hiermit ist beschlossen, dass Speratus, Nartzalus, Cittinus, Donata, Vestia, Secunda und die anderen, die bekannt haben, nach dem christlichen Glauben zu leben, mit dem Schwert hingerichtet werden; denn sie sind, obwohl ihnen Gelegenheit gegeben war, zum Brauch der Römer zurückzukehren, starrköpfig bei ihrer Haltung geblieben.«
Speratus sagte: »Wir danken Gott.«
Nartzalus sagte:
»Noch heute werden wir als Märtyrer im Himmel sein. Dank sei Gott!«
Der Prokonsul Saturninus ließ durch einen Ausrufer verkünden:
»Ich habe befohlen, dass Speratus, Nartzalus, Cittinus, Veturius, Felix, Aquilinus, Laetantius, Ianuarius, Generosa, Vestia, Donata und Secunda hingerichtet werden.«
Alle sagten: »Dank sei Gott!«
Und sofort wurden sie enthauptet für den Namen Christi. Amen.

Text 2 Der Bericht des Prokonsuls

Der Prokonsul Saturninus meldete nach Rom, dass einige, die bekannten, nach christlichem Glauben zu leben, verhaftet worden seien. Sie hätten sich geweigert, beim Genius des Kaisers zu schwören. Diese Leute hätten gesagt, sie fürchteten nur ihren Gott. Er habe sie gefragt, ob sie Bedenkzeit wünschten, aber sie hätten keinen Aufschub gewollt. Obwohl ihnen die Möglichkeit gegeben worden sei, zum Brauch der Römer zurückzukehren, hätten sie wiederum darauf beharrt, Christen zu sein. Außerdem hätten diese Christen einen Buchbehälter eines gewissen Paulus bei sich getragen, der im Römischen Reich den ruchlosen Aberglauben verbreitet habe. Daher habe er den Befehl gegeben, diese verbrecherischen Menschen zu enthaupten.

1 1. Rückkehr zur rechten Gesinnung (*ad bonam mentem*, Z. 9); beim Genius des Kaisers schwören und für sein Heil beten (*iuramus per genium domini nostri imperatoris,*

pro salute eius supplicamus, Z. 16–17 und *iura*, Z. 24); sie sollen aufhören, Gott als ihrem alleinigen Herrn zu dienen (*sed soli illi Deo servio; desinite huius esse persuasionis*, Z. 27 und 31).
2. Sie haben niemals etwas Böses getan noch gesprochen, haben sich sogar noch bedankt, wenn man sie ungerecht behandelt hat; sie achten den Kaiser (Z. 11–13). Sie dienen allerdings allein Gott (Z. 27), haben niemals einen Diebstahl begangen, bezahlen sogar Steuern (Z. 29).
3. Sie leben nach christlicher Überzeugung und weigern sich, zu römischer Sitte, d.h. zur Verehrung des Kaisers, zurückzukehren.

2 1. Er bietet ihnen zunächst einen Weg an, Nachsicht zu erlangen; allerdings müssen sie den Schutzgeist des Kaisers verehren. Er geht korrekt vor, bemüht sich auch darum, dass die Christen die ihnen eingeräumte Bedenkzeit auch wahrnehmen, und führt somit das Verhör formal einwandfrei.
2. Die Christen legen großen Wert darauf, sich von Beginn des Verhörs an als Christen zu bekennen, und akzeptieren für sich keine Abweichung von diesem Bekenntnis; sie wollen daher auch keine Bedenkzeit. Sie sind bemüht, ihre Haltung dem Prokonsul darzulegen, versuchen sogar, ihn von ihrer Sache zu überzeugen (Z. 19–20). Sie bestreiten, irgendein Vergehen begangen zu haben, erweisen sich auch als treue Staatsbürger, indem sie Steuern bezahlen.

3 1. Der ganze Text zeigt Bewunderung und Verehrung für die Gruppe der Christen, die sich durch nichts, auch nicht das Angebot, sich die Aussage nochmals zu überlegen, von ihrer Haltung abbringen lassen. Der Text endet mit einem »Amen«.
2. Die Akte ist für die christlichen Gemeinden geschrieben und soll die Standhaftigkeit der Märtyrer zeigen. Die Christen sollen sich diese Gruppe zum Vorbild nehmen.

4 1. Text 1 ist ein Dialog, Text 2 ein Bericht.
2. Z. 2: nonnulli (Christiani); Z. 5: se timere dixisse: Christiani; se ex iis: proconsul; Z. 7: Christiani; Z. 10: secum: Christiani; se: proconsul

5 1. Christianos illi deo servire, quem nemo hominum viderit (b: vidisset).
2. Christianos furtum quidem non fecisse, sed recusare, ne pro salute imperatoris supplicent (b: supplicarent).
3. Christianos omnes consentire se moram nolle (b: wie a).
4. Christianos recusare, ne Christo maledicant (b: maledicerent).
5. Se Christianos decollari iussisse (b: wie a).

6 Ort: *ubi? ubi, quo? quo, illic, unde? undique, huc, ibi, hic, ubique, istic*
Zeit: *quando? cum, olim, tum, aliquando*
Art und Weise: *utique, ita, sic, item, ut, tam, quam, quomodo?*

	Ort	Zeit	Art und Weise
interrogativ	*ubi? quo? unde?*	*quando?*	*quomodo?*
demonstrativ	*illic, huc, ibi, hic, istic*	*tum, olim*	*item, tam, sic, ita*
relativ	*ubi, quo*	*cum, ut*	*quam*
indefinit	*undique, ubique*	*aliquando*	*utique*

7 Man ließ die Säulen des antiken Tempels stehen, baute an der Stelle des heidnischen Heiligtums mit dem Götterbild eine Kirche und zeigte so, dass man die antike Religion für besiegt hielt.

Lektion 38

Karl der Große

Text 1 Karl, der nach dem Tod seines Bruders mit der Zustimmung aller Franken zum König gewählt worden war, war von großem und starkem Körperbau und von herausragender Statur, die doch das rechte Maß nicht überschritt. Er hatte eine helle Stimme, sie war aber so, dass sie nicht so recht zur Gestalt seines Körpers passte. Er erfreute sich guter Gesundheit, außer dass er, bevor er starb, häufig von Fieberanfällen ergriffen wurde. Auch dann tat er mehr nach eigenem Urteil als nach dem Rat der Ärzte, die er beinahe hasste, weil sie ihm rieten, bei den Mahlzeiten auf gebratenes Fleisch zu verzichten, an das er gewöhnt war. Bei Speise und Trank maßvoll, war der König beim Trinken jedoch noch mäßiger, da er Trunkenheit bei jedem Menschen sehr verabscheute. Während des Essens hörte er irgendein Musikstück oder einen Vorleser. Es wurden ihm Geschichten und Taten der Alten vorgelesen.

Text 2 Für seine Söhne und Töchter verwandte er bei der Erziehung so große Sorgfalt, dass er niemals ohne sie speiste, niemals ohne sie auf Reisen ging. Die Töchter wollte er, obwohl sie sehr schön waren und von ihm sehr geliebt wurden, niemandem seiner Landsleute oder einem Fremden in die Ehe geben, sondern behielt sie bis zu seinem Tod alle bei sich in seinem Haus, wobei er sagte, er könne ihre Gesellschaft nicht entbehren.

Text 3 Und da er sich nicht nur mit seiner Muttersprache begnügte, bemühte er sich auch um fremde Sprachen. Unter ihnen lernte er Latein so, dass er in jener Sprache wie in seiner Muttersprache zu reden pflegte; Griechisch aber konnte er besser verstehen als sprechen. Die Freien Künste pflegte er mit höchstem Eifer. Da er deren

Lehrer sehr verehrte, überhäufte er sie mit Auszeichnungen. Alkuin aus Britannien, aus sächsischem Geschlecht, einen sehr gelehrten Mann, hatte er als seinen Lehrer, um bei ihm Rhetorik und Dialektik, besonders aber Astronomie zu lernen. Ein Höchstmaß an Zeit und Mühe verwandte er auch auf die Rechenkunst. Er versuchte auch zu schreiben und pflegte zu diesem Zweck Schreibtafeln in seinem Bett unter den Kopfkissen zu haben, um, sooft freie Zeit war, seine Hand an das Formen von Buchstaben zu gewöhnen; aber die Mühe hatte recht wenig Erfolg, da sie zu spät begonnen worden war.

1 1. a) corpus, statura, vox, forma, valetudo, febres, cibi, assa, potus, acroama, lector, historiae, res gestae; b) filii, filiae, domus, contubernium; c) linguae, artes, doctores, praeceptor, rhetorica, dialectica, astronomia, tabulae, litterae

2. a) Gestalt und Lebensgewohnheiten Karls, b) Zusammenleben mit den Söhnen und Töchtern, c) Bildung

2 a) Karl war von stattlicher Gestalt und guter Gesundheit. Von den Ärzten hielt er nichts, weil sie ihm vom Fleischgenuss abrieten. Er aß und trank mäßig, hörte beim Essen Musik und ließ sich vorlesen.

b) Auf die Erziehung seiner Söhne und Töchter war er sehr bedacht; seine Töchter wollte er nicht verheiraten, sondern immer bei sich haben.

c) Er lernte auch Sprachen, besonders Latein. Er förderte die Gelehrten und hatte bei Alkoin Unterricht. Am meisten beschäftigte er sich mit der Mathematik, versuchte auch zu schreiben, worin er aber wenig Fortschritte machte.

3 1. Besonders erwähnt der Autor, dass er beim Trinken Maß hielt, dass er Musik hörte und sich vorlesen ließ, dass er sich um Fremdsprachen bemühte und um die Mathematik. Merkwürdig erscheint die sehr enge Bindung an seine Töchter und die Tatsache, dass Karl offenbar sehr um Bildung bedacht war, aber dass er nur schlecht schreiben konnte.

2. Der Autor vermittelt das Bild eines gesunden, kräftigen, gebildeten, etwas eigenwilligen Herrschers.

4 Z. 4 ... *quae tamen iustam non excederet:* ... von großer Gestalt, die dennoch nicht das rechte Maß überschritt.

Z. 5 ... *sed quae minus corporis formae conveniret*: ... die Stimmer, die aber weniger zur Körpergestalt passte.

Z. 12 ... *qui ab ebrietate in omni homine valde abhorreret*: ... beim Trinken war der König mäßiger, weil er sich (oder: der sich...) bei jedem Menschen vor Trunkenheit sehr ekelte.

Z. 17 ... *quae pulcherrimae essent et ab eo valde diligerentur*: ... weil (oder: obwohl) sie sehr schön waren und von ihm sehr geliebt wurden.

Z. 28 – 29 ... *apud quem et rhetoricam et dialecticam, praecipue tamen astronomiam disceret*: ... um bei ihm Rhetorik und Dialektik, vor allem jedoch die Astronomie zu lernen.

5 1. Marcus gibt seinem Sklaven Syrus den Brief, damit er ihn zu Pomponius bringe (final).
2. Der Herr Cornelius tadelt die Sklaven, weil/obwohl sie nicht gesund sind (kausal/konzessiv).
3. Der Sklave Davus sieht nichts, weil er schläft (kausal).
4. Wen gibt es, der Verres' Unrecht nicht kennen sollte (konsekutiv)?
5. Helena schickte einen Brief durch ihre Sklavin Aethra, weil sie Paris liebte (kausal).
6. Ich bin nicht so, dass ich andere beneidete (konsekutiv).
7. Obwohl Verres als Propraetor vom römischen Volk nach Sizilien geschickt worden war, beging er viele Verbrechen (konzessiv).

6 *Hydra, monstrum spiritu pestifero*: Hydra, ein Ungeheuer mit todbringendem Atem
Socrates, philosophus mente acerrima: Sokrates, ein sehr scharfsinniger Philosoph
Hercules, vir magno robore: Hercules, ein Mann mit großer Kraft
Orpheus, poeta admirabili ingenio: Orpheus, ein Dichter mit bewundernswerter Begabung
Cerberus, canis tribus capitibus: Cerberus, ein dreiköpfiger Hund
Penelope, uxor maxime fida: Penelope, eine äußerst treue Frau
Hippocrates, medicus summa auctoritate: Hippokrates, ein sehr angesehener Arzt.

7 1. Grammatik, Rhetorik, Dialektik, Astronomie, Geometrie, Arithmetik, Musik; frei hießen sie deshalb, weil sie eines freien Menschen (nicht eines Sklaven oder Leibeigenen) würdig waren.
2. Grammatik: Sprachlehre; Rhetorik: Fragen des Rechts, Redekunst; Dialektik: Kunst, durch logische Schlüsse zur Wahrheitsfindung zu gelangen; Astronomie: Kunde von den Himmelskörpern; Geometrie: Teilbereich der Mathematik, Lehre von den Figuren; Arithmetik: Lehre von den Zahlen; Musik: Tonkunst

8 1. Die Traurigen hassen den Fröhlichen und den Traurigen die Lustigen.
Inhaltlicher Chiasmus: *hilarem – iocosi; tristes tristem*. *Oderunt*: an die Spitze des Satzes gestellt. Wiederholung des Wortes *tristis*.
Óderúnt hilarém tristés tristémque iocósi.
2. Ich hasse und ich liebe. Warum ich das tue, fragst du vielleicht.
Ich weiß es nicht, aber ich merke, dass es geschieht und werde dadurch gemartert.
Gefühl der Liebe und des Hasses zugleich, weil die Geliebte ihn immer wieder enttäuscht.

9 1. *Constantino imperatori* (er zog nach Konstantinopel um), 2. *Ausonius* (sc. die Mosel und ihren Wein), 3. *tabulis*, 4. *vox clara*, 5. *filiae Karoli*

Lektion 39

Text 1 Umfang und Aussehen des neuen Germaniens

Donau und Rhein, die einst das Gebiet Germaniens einschlossen, fließen jetzt mitten durch das Land der Germanen. Die belgische Gegend, die im 1. Jh. v. Chr., wie Caesar geschrieben hat, der dritte Teil Galliens war, gehört jetzt zum größeren Teil nach Sprache und Sitte zu Germanien. Ganz Raetien und Noricum, und was zwischen Donau und Alpen liegt, haben die Deutschen, und es gibt keine Alpen, deren himmelaufragende Gipfel nicht die Germanen besitzen. Diese haben nach Osten hin nicht nur die Elbe, sondern auch Oder und Weichsel überschritten. Jeder weiß, dass das Aussehen Germaniens jetzt schöner ist, als es einst war. Wir sehen überall bebaute Äcker, Weinberge, Obstgärten, sehr schöne Landgüter, Burgen auf den Höhen und Städte, die von festen Mauern umgeben sind. Die strahlendsten großen Städte, durch die sehr große Flüsse strömen, sind von beiden Ufern her mit festen Brücken verbunden.

Text 2 Die politische Macht Deutschlands

Die politische Macht der Germanen ist in drei Teile geteilt. Denn obwohl die Kirchenfürsten und die weltlichen Fürsten und die Freien Reichsstädte ein einziges Oberhaupt haben, nämlich den Römischen Kaiser, hat doch jeder von ihnen seine eigene Entscheidungsbefugnis. Unter den Kirchenfürsten haben drei Erzbischöfe Stimmrecht bei der Wahl des Kaisers: der von Mainz, der von Trier und der von Köln. Neben diesen stehen vier andere Kurfürsten aus den weltlichen Landesfürsten. Von denen ist der König von Böhmen der erste, der zweite der Pfalzgraf bei Rhein, der dritte der Herzog von Sachsen und der vierte der Markgraf von Brandenburg. Die Reichsstädte, die man die Freien nennt, unterstehen allein dem Kaiser, dessen Joch mit der Freiheit gleichzusetzen ist. Nicht 50, nicht 70, sondern mehr als 80 Städte genießen diese Freiheit.

Text 3 Sitten und Gelehrsamkeit

Über die Sitten und die Gelehrsamkeit muss noch einiges gesagt werden, damit ihr seht, dass das neue Germanien jenes alte, das Tacitus gelobt hat, übertrifft. Denn niemand verletzt bei euch leichtfertig das Recht, und es fehlt bei euch nicht an guten Gesetzen. Gastfreunde werden mit heiterer Miene empfangen, aber mit noch besserem Herzen. Ihr lebt aufs menschlichste mit allen Völkern zusammen.
Die Wissenschaft und die Studien aller Künste stehen bei euch in Blüte. Viele Städte in Deutschland haben auch Universitäten, in denen die Rechte, die Medizin und die Freien Künste weitergegeben werden: Köln, Heidelberg, Prag, Erfurt, Leipzig, Wien, Rostock.
Ach wenn doch einer von jenen Alten vom Tode auferstehen würde, wie z.B. jener

Ariovist, der im Jahre 58 v. Chr. gewaltige Truppenmassen aus Germanien führte und mit Julius Caesar in Gallien kämpfte! Wenn er das Land erblickte und einerseits die blühenden Städte, andererseits den sanften Charakter der Menschen sähe, dann würde er sagen, dies sei nicht sein Heimatland.

Sprüche:
Jedem das Seine!
Jeder ist seines Glückes Schmied.

1 1. Donau und Rhein fließen mitten durch Germanien, Belgien gehört z.T. zu Germanien, Raetien (Bayern) und Noricum (Ostbayern) gehören zu Germanien, ferner die ganze Alpenregion, im Osten reicht Germanien über die Elbe hinaus bis zur Oder und Weichsel.
2. Schönheit, kultivierte Äcker, Weinberge, Obstanbau, schöne Häuser, Burgen, Städte, insbesondere an den großen Strömen.

2 1.

potentia Germaniae

1. praelati	2. principes	3. civitates
tres archiepiscopi:	rex Bohemorum	plus quam octoginta
Mogontiacus	comes Palatinus Rheni	
Trevirensis	dux Saxoniae	
Coloniensis	marchio Brandenburgensis	

2. *imperator Romanus: cuius iugum par est libertati* (Z. 12), also eine sehr freiheitliche Herrschaft.

3 1. *mores, doctrina, bonae leges, hospites, humanissime, litterae, studia, scholae, iura, medicina, liberales artes*:
Ein Staat mit einem perfekten Rechtssystem, gastfreundlich, bemüht um die Kultur und Bildung, mit berühmten Universitäten.
2. Recht und umfassende Bildung.
3. Der letzte Abschnitt zeigt einem wiedergeborenen Ariovist die Größe Germaniens, seine Schönheit (Text 1), seine perfekte Verwaltung, sein Rechts- und Bildungssystem (Text 2 und 3).

4 Mainz, Trier, Köln, Heidelberg, Prag, Erfurt, Leipzig, Wien, Rostock

5 Text 1, Z. 4–5: ut scripsit Caesar; Text 3, Z. 3–4: quam laudavit Tacitus; Z. 12–17.

6 1. 60 – 80 – 40 – 90 – 50 – 70
2. 500 – 900 – 700 – 300 – 600 – 800 – 400

7 19 Jahre alt ... 500 000 Bürger ... 890 Tage ... 330 000 Bürger ... 82 Tempel ... 10 000 Männer ... 3 500 Tiere ... 1 800 Fuß ... 1 200 Fuß ... 3 000 Kämpfer ... 30 000 Sklaven

8 100 – 32 – 636 – 200 – 1953 – 3456 – 98 – 20 – 486 – 99 – 2 000 – 44 – 1

Lektion 40

Text 1 Der Mensch und der Fortschritt

Es ist auch die Theorie in eine Krise geraten, die die »ökonomische« genannt wird und mit dem Wort »Fortschritt« verbunden wird. Heute kann tatsächlich besser erkannt werden, dass die bloße Anhäufung von Gütern und Dienstleistungen, auch wenn sie sehr vielen Menschen zugute kommt, nicht genügt, um das menschliche Glück zu erreichen. Deswegen entreißt auch die Verfügbarkeit vielfältiger echter Errungenschaften, die in diesen jüngst vergangenen Zeiten Wissenschaft und Technik hervorgebracht haben, wobei die sogenannte »Informatik« hinzugefügt worden ist, die Menschen nicht aus aller Knechtschaft. Im Gegenteil: Die Erfahrung der letzten Jahre lehrt, dass die Mittel und Möglichkeiten, die dem Menschen auf einen Wink hin zu Gebote stehen, sich gegen ihn wenden, um ihn zu unterdrücken, wenn sie nicht durch ein sittliches Urteil und die Hinneigung zum wahren Wohl des Menschengeschlechts geleitet werden.

Text 2 Der Mensch und die materiellen Güter

Der Mensch bedarf ohne Zweifel der durch die Industrie geschaffenen Güter, die durch den ständigen Fortschritt der Wissenschaften und der technischen Fertigkeiten immer bedeutender wird … Aber die Gefahr der verkehrten Nutzung der Konsumgüter darf keinesfalls der Wertschätzung und dem Gebrauch neuer Güter und Hilfsmittel hinderlich sein, die uns zur Verfügung stehen. Ja, sie sind sogar als ein Geschenk Gottes zu betrachten. Doch damit man zum wahren Fortschritt des Menschen gelangt, ist es notwendig, dass nicht jene Teile der Seele vernachlässigt weden, in denen die eigentliche Natur des Menschen selbst besteht, den ja Gott nach seinem Bild und Gleichnis geschaffen hat. Seine leibliche und geistige Natur wird aus zwei Elementen geschaffen: aus der Erde, aus der Gott den Leib des Menschen formt, und aus dem Lebensatem, den er ihm selbst einhaucht.
Übersetzung aus dem amtlichen »Kompendium der Glaubensbekenntnisse und amtlichen Lehrentscheidungen«

1 1. und 2.

Begriffe aus dem Sachfeld	Bewertung	
	eher positiv	eher negativ
ratio oeconomica = progressio congestus bonorum et ministeriorum	plerisque faveat hominibus	non satis ad humanam felicitatem persequendam
scientia et technica disciplina informatica opes et potestates	facultas multiplicium beneficiorum realium	non homines eripit ex omni servitute in eum vertere, opprimant

2
1. Der Fortschritt an sich wird nicht negativ gesehen, er bietet viele wirkliche Wohltaten für die Menschheit, er macht allein aber nicht glücklich, im Gegenteil: Wenn nicht die ethische Grundlage zum richtigen Gebrauch des Fortschritts vorhanden ist, kann sich der Fortschritt gegen den Menschen selbst wenden.
2. Urteilsfähigkeit, die sich auf ethische Grundsätze stützt.
3. z.B.: Kernspaltung, Grundlage einerseits der Energiegewinnung, andererseits der Atombombe. Gentechnik, einerseits Grundlage für viele Medikamente, andererseits zu künstlicher Produktion von Menschen zu missbrauchen.

3
1. Positiv: *sine dubio bonis indiget machinali industria perfectis*: Der Mensch braucht ohne Zweifel diese Güter.
   Negativ: *periculum pravi usus*: Gefahr des Missbrauchs.
   Positiv: *aestimationi et usui novorum bonorum et opum, quae in promptu nobis sunt*: prinzipiell positiv zu sehen, ja sogar als *donum Dei*, als Geschenk Gottes.
2. Es kommt auf die richtige geistige Haltung bei der Nutzung dieser Güter an.
3. Der Mensch besteht aus Erde und Lebensgeist, den ihm Gott eingehaucht hat; d.h. aus Materie und Geist.

4 Es gibt viele Möglichkeiten.

5 Sehr viele Begriffe stammen aus der modernen technischen und wirtschaftlichen Welt; sie sind künstlich geschaffene lateinische Wörter.